中国航天
见证者

弹 箭 星 船 铸 丰 碑

中国航天奠基人

钱学森

石磊　主编

编委　王春河　刘登锐　张宏显　王文祥

北京出版集团
北京少年儿童出版社

图书在版编目（CIP）数据

弹箭星船铸丰碑：中国航天奠基人钱学森 / 石磊主编. -- 北京：北京少年儿童出版社，2025. 1. --（中国航天见证者）. -- ISBN 978-7-5301-6801-1

Ⅰ. K826. 16-49

中国国家版本馆 CIP 数据核字第 2024QB4341 号

中国航天见证者
弹箭星船铸丰碑　中国航天奠基人钱学森
DAN-JIAN-XING-CHUAN ZHU FENGBEI
ZHONGGUO HANGTIAN DIANJIREN QIAN XUESEN
石磊　主编

*

北　京　出　版　集　团　出版
北京少年儿童出版社
（北京北三环中路 6 号）
邮政编码：100120

网　址：www . bph . com . cn
北京少年儿童出版社发行
新　华　书　店　经　销
三河市嘉科万达彩色印刷有限公司印刷

*

787 毫米×1092 毫米　16 开本　9. 5 印张　95 千字
2025 年 1 月第 1 版　2025 年 1 月第 1 次印刷
ISBN 978-7-5301-6801-1
定价：35. 00 元
如有印装质量问题，由本社负责调换
质量监督电话：010-58572171

目录

CONTENTS

SAN FRANCISCO

WILLARD F. ROCKWELL, JR.
MEDAL

钱学森，咱们再比一比，看谁的飞机飞得远！

读小学时的钱学森

在钱学森上小学的时候，中国还盛行私塾教育的方式。可是父亲钱均夫却没有送钱学森去读私塾，而是选择了当时北京最现代化的小学。

1917 年至 1923 年，少年钱学森先后就读于“国立北京女子高等师范学校附属小学校”（今北京第二实验小学）和“国立北京高等师范学校附属小学校”（今北京第一实验小学）。

1 投纸飞机的小男孩

在钱学森的小学生活中，不仅上的课有趣，和同学们的课间活动也丰富多彩。

投纸飞机就是同学们常玩的一种游戏，这可是钱学森的绝活。

一天下午快下课的时候，坐在钱学森身后的同学捅了捅他的后背说：“嘿，你作业做完了吗？待会儿下了课，咱们再去比试比试？”

钱学森回过头来说：“好啊。”

下课铃响了，几个小男孩分别带着自己折的纸飞机飞快地跑出教室。

纸飞机，头部尖尖的，两边各有一个向后平折的翅膀。折起来虽然简单，但是不同人折的飞机，飞行姿态和飞行距离却大不相同。有的能飞得很远，有的却在头上盘旋一圈后回到原点，还有的只能向前飞几米后就一头栽下……

钱学森的纸飞机飞得最远、最高，姿态最好看。

多少天以来，每逢下课，同学们都进行这种比赛，而钱学森总是稳拿第一，同学们既不服气，又觉得奇怪，为什么他的飞机像小鸟一样神气，而我们的飞机却像只笨鸭子？

几个小男孩拿着大大小小的纸飞机，嚷嚷着：“钱学森，咱们再比一比！”

钱学森笑了，他很自信地再次举起了自己手中的纸飞机。

这时，一个同学在大家面前的空地上，用鞋尖画出了一条直线，示意投纸飞机时谁的脚都不能超过这条直线。

还是与往常一样，大个子男孩喊了声：“飞！”大家一起把手中的纸飞机高高举起后，使劲地投向天空。

只见钱学森的纸飞机平稳又轻快地飞到对面的楼前，而其他几只在离起飞点不远处纷纷跌落下来。

钱学森跑过去捡起自己的那只纸飞机，其他的男孩也一起追了上去。

“让我们看看你的纸飞机！”几个男孩嚷嚷着从钱学森手里抢过纸飞机，“有什么诀窍？”男孩们的眼睛同时注视着钱学森。

“看吧。”钱学森一脸坦然。

“怎么回事？”几个男孩拆开了钱学森的纸飞机，想一探究竟。

这时，自然课老师恰巧走到此处，他接过被拆开的纸飞机说：“钱学森，能不能把你的奥秘与大家分享一下？”

钱学森坦诚地对大家说：“我没有什么奥秘，只是折飞机时注意了几个问题。比如说，我用的纸比较光滑，既不能太轻、太薄，又不能太重，太轻投不出去，太重会飞不动；纸飞机头部要折得小一些，翅膀要大小适中，太大飞机会兜圈子，太小又会飞不稳；翅膀不能太宽，那样会飞不远。这些都是我在纸飞机一次次飞行过程中逐步改进的，也就是这些吧。”

“大家明白了吗？钱学森同学会动脑筋，又勤于动手改进，他刚才说得非常好，实际上他是告诉大家纸飞机飞行的基本规律，如何保持平衡又减少阻力。纸飞机是在空中飞行的，还要借助空气的动力和浮力，这些都是物理学的基本知识，大家想一想是不是啊？”自然课老师做了点评。

“是啊！”几个男孩恍然大悟，他们用敬佩的眼光看着钱学森，“你真聪明！”

纸飞机的一种折法

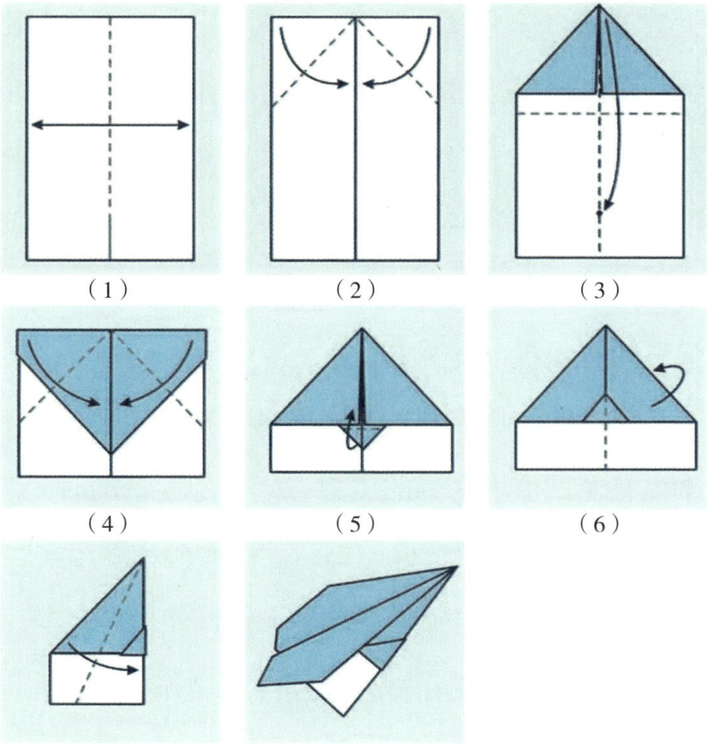

（1） （2） （3） （4） （5） （6） （7） （8）

2 重在理解，不在死记

钱学森在中学时代并不那么重视分数。

他在国立北京师范大学附属中学校（今北京师范大学附属中学，简称“北师大附中”）读书时，学校里就有这样的风气：学生临考试时并不做什么特别的准备，从不因为明天要考什么而背诵课本，大家都认为学习重在理解，不在死记。考试结果出来后，一般学生都是70多分，优秀学生80多分，如果谁通过死记硬背、急功近利获得高分，同学们反倒瞧不起他。老师们也是这样教育学生的。数学老师傅种孙先生提倡创新，在给学生测验评分时独出心裁：如果出5道题，学生都答对了，但解法常规，只给80分；如果答对4道，但解法有创新，就给100分，还要另加奖励。

考试前，许多同学都在操场上玩，不到天黑不回家。那时的学生没有考试追求高分的压力，他们把大量的时间用来“玩”。其实他们的“玩”就是读课外书、动手实验和外出实践。

生物课上，老师常常带学生到野外采集标本，教他们解剖青蛙、蚯蚓，钱学森还用在野外抓到的蛇制作标本；几何课上，老师用文言文编写讲义，还用念古文的腔调讲数学，“很带味”；虽然当时

1926 年，在北师大附中念书的钱学森

学校刚刚开始建立物理、化学、生物实验室，陆续购进的一些实验器材都显得很金贵，但化学实验室却对学生随时开放，钱学森在那段时间做了很多化学实验。

钱学森晚年还能十分清晰地记起博物学老师李士博教给他们的识矿“秘诀”：“矿物的硬度有 10 度，哪几个矿物能代表这 10 度呢？滑、膏、方、萤、磷、长、石英、黄玉、刚、金刚。挺顺的，好记，有用！这就好似硬度的 10 度。滑就是滑石，膏是石膏，方是方解石，磷是磷灰石，刚是刚玉。这是谁教给我们的？是我们的李士博老师，他编的这个词，我们今天还背得烂熟。”

钱学森 1984 年 4 月 20 日在接受北师大附中教师的访问时说：“当时附中的选修课很多，每天中午大家吃了午饭，在教室里互相

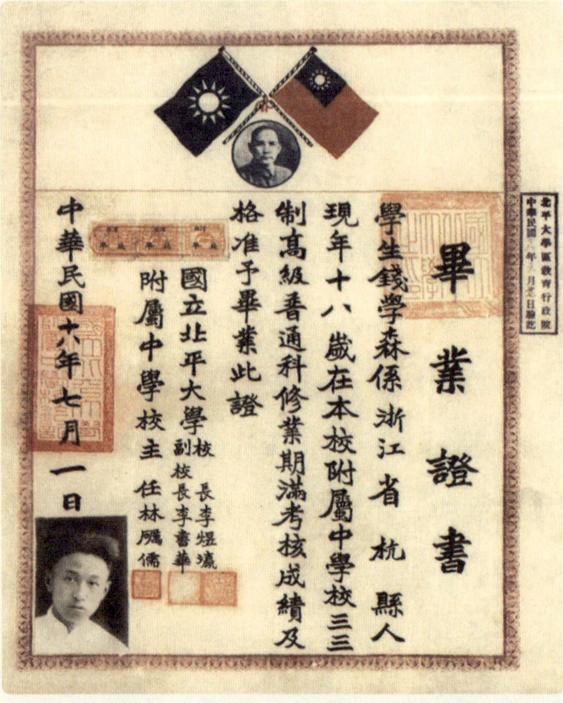

畢業證書

學生錢學森係浙江省杭縣人現年十八歲在本校附屬中學校三三制高級普通科修業期滿考核成績及格准予畢業此證

國立北平大學校長李煜瀛
副校長李書華
附屬中學校主任林礪儒

中華民國十八年七月一日

北师大附中的钱学森塑像

钱学森在北师大附中的毕业证书

交流感兴趣的各种科学知识，数学的、物理的、化学的，什么都有。虽然课业繁重，但没有受不了的感觉，没有人为考试而开夜车。放学后，大家还会到操场上踢一阵球，不到天黑不回家。”正是这种对学生没有过多限制、形式多样的教育模式让钱学森对学习知识充满了兴趣；正是他对分数这种“蔑视”的态度，让他从分数中解放出来，充分感知科学世界的美妙。他博览群书，对探索新知充满了向往。

北师大附中的图书馆，是钱学森上中学时最爱光顾的地方。他曾经回忆说：“当时学校有一个小图书馆，只有一间书库，但却是同学们经常去的地方。那个图书馆收藏着两类图书：一类是古典小说，像《西游记》《儒林外史》《三国演义》等，这类图书要有国文老师批准才能借阅；另一类是科学技术图书，我们自己就可以借来看。记得初中三年级时，一天午餐后，同学们聚在一起闲聊，一位同学十分得意地说：‘你们知不知道 20 世纪有两位伟人，一个是爱因斯坦，一个是列宁。’大家听后都很茫然，便问他是怎么知道的。他说是从图书馆的一本书上看到的，爱因斯坦是科学伟人，列宁是革命伟人。但那时我们谁也不知道爱因斯坦是相对论的创始人，列宁是俄国的伟大革命家，更不知道还有马克思、恩格斯。但这次茶余饭后的闲谈却激起了我对科学伟人和革命伟人的崇敬。到了高中一年级，我就去图书馆找介绍相对论的书来看，虽不太看得懂，却知道了爱因斯坦的相对论是得到天文观测证实了的。”

3 老师，我不该得满分

钱学森中学毕业时，铁路交通在中国是一个全新的科学技术领域，喜欢科技创新与挑战的钱学森决心长大后通过自己的努力让铁轨铺遍中华大地，让造出来的火车在祖国的大地上奔跑。钱学森立下“铁道救国”的志向，所以他报考了位于上海的国立交通大学（今上海交通大学），当时只有这所大学设有最棒的机车制造专业。

1929 年 9 月，钱学森如愿以偿以考分第三名的成绩被国立交通大学录取。他很快发现大学的情况与北师大附中不同，学校对学生的要求十分严格，还非常重视学习成绩，期末平均分数要计算到小数点后两位。

钱学森跨入大学的第二年，发现同学们都在学习上比拼。多数学生根据中学时所在的学校不同，分成了两派——北师大附中派（简称“北平派”）和江苏扬州中学派（简称“扬州派”），在学习成绩上形成了竞赛的局面，犹如划船比赛一样，你争我赶，互不相让。这次考试“北平派”领先，下次“扬州派”一定要赢回来。钱学森为了给母校北师大附中争光，虽然不太满意“分数战”，但作为“北平派”的主力，他的成绩像乘电梯一样很快上到了顶层，让很多同

国立交通大学的前身是南洋公学

1959 年，国立交通大学分建为上海交通大学和西安交通大学，图为现在的上海交通大学

学望尘莫及。

“分数战”持续了整个学年，钱学森对自己的要求极严，每次考试总是书写工整、漂亮，连等号都像用直尺画的一样，各科老师都非常赞赏，说批改钱学森的试卷是一种享受。

也许正是因为批卷时赏心悦目，所以老师们偶尔会疏漏了学生的笔误。1933 年 1 月 24 日的一次水力学考试后，金悫老师把只判了对错没统计分数的试卷发下来讲评。因为钱学森的试卷没有错误，所以金老师面对全班同学说：“第一名钱学森，满分。”金老师为了让学生意识到学无止境，每次都会在试卷中出一两道难题，这次考试他一共出了 6 道题，其中有 1 道难题，钱学森也做对了。金老师从讲台上拿起这份试卷笑眯眯地递给钱学森，“北平派”的同学热烈鼓掌，“扬州派”的同学又羡慕又惊叹地议论着：“哎呀，又

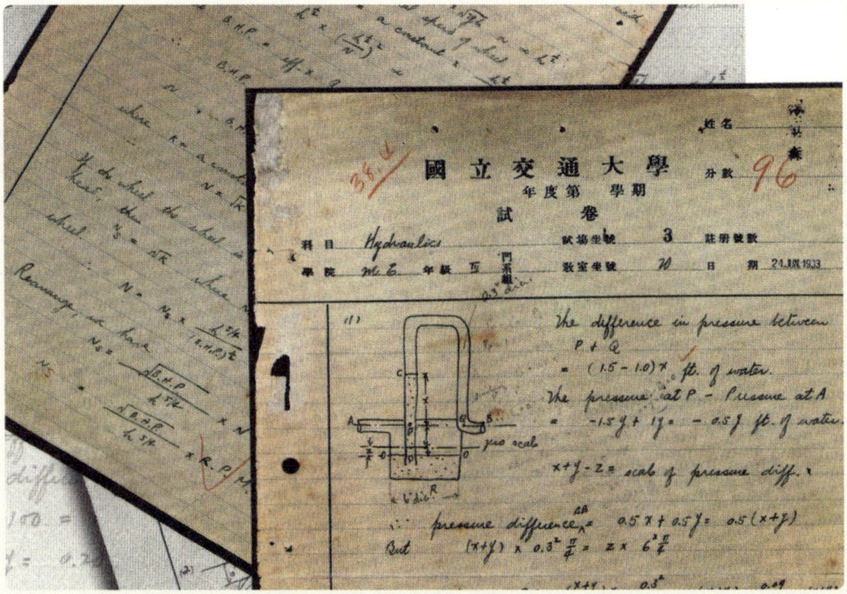
國立交通大學
年度第 學期
試卷
科目 Hydraulics
學院 M.E. 年級 五
姓名
分數 96
試場坐號 3
註册號數
教室坐號 70
日期 24.JUN.1933
The difference in pressure between P + Q
= (1.5 - 1.0)x ft. of water.
The pressure at P - Pressure at A
= -1.5y + 1y = -0.5y ft. of water.
x+y-z = scale of pressure diff.
∴ pressure difference = 0.5x + 0.5y = 0.5(x+y)

钱学森得 96 分的水力学考试试卷

这份 96 分试卷被金悫老师珍藏了下来，历经抗日战争、解放战争。直到 1979 年，当时已卧病在床的金教授，在校报上看到了钱学森回上海交通大学参观的报道，于是将这份保存了 46 年的珍贵试卷捐给了学校。

从此，这份 96 分试卷就被留在了学校档案馆，成为一代又一代交大学子珍贵的学习榜样。

是 100 分啊！‘北平派’这次又抢风头了！”

钱学森却满腹疑惑，因为考完试后，他就懊恼地发现自己有一处笔误：在运算的一个步骤中，一时疏忽将“Ns”的下标漏掉了，结果写成了“N”。他已经计算过了，按照金老师严格的打分标准，这个笔误会被扣掉 4 分，而现在，金老师却宣布自己满分，难道是自己记错了？

钱学森拿到试卷后迅速地找到那道题，没错，那个清楚的笔误被老师疏漏了，钱学森毫不犹豫地举起手来报告：“对不起，金老师，我不是满分！”全场哗然，金老师愕然。

钱学森起身把试卷送到金老师面前，指出了自己的这个笔误。金老师肯定地点了点头，在这份试卷的分数一栏上写了 96 分。随后金老师立刻宣布：“尽管钱学森同学的试卷被扣掉 4 分，但他实事求是、严格要求自己的学习态度在我心目中却是满分，同学们要向钱学森学习。”

全班同学一齐向钱学森行注目礼，然后热烈地鼓掌。

4 迷上音乐

考入国立交通大学后，学校里各种各样的学生社团十分活跃，音乐、美术、诗歌等，使钱学森目不暇接。不巧的是，就在钱学森刚刚读完大学一年级，正考虑加入哪个社团时，他患了伤寒病，不得不回杭州家里养病，休学一年。在这一年里，他除去自学大学的一些功课外，也有更多的时间读书、学习绘画和音乐。

休学一年后，钱学森回到国立交通大学续读二年级，他对艺术尤其是音乐的痴迷一发不可收。钱学森先后参加了 4 个音乐艺术社团：学生雅歌社（合唱团）、口琴会、铜管乐队（军乐队）和管弦乐队。

国立交通大学的铜管乐队最初只有十几个人，但是高、中、低声部的主奏乐器种类丰富，小号、长笛、次中音号（中音喇叭）、低音号、军鼓等齐备，于是钱学森欣然报名加入了铜管乐队，吹奏次中音号。钱学森加入铜管乐队不久，学校又组织了管弦乐队，聘请上海工部局乐队的德国人海斯特为指导，钱学森成为管弦乐队最初的十几名队员之一，仍然吹奏次中音号。

当时，上海有一个正规的管弦乐队，在大半年时间里，每周日

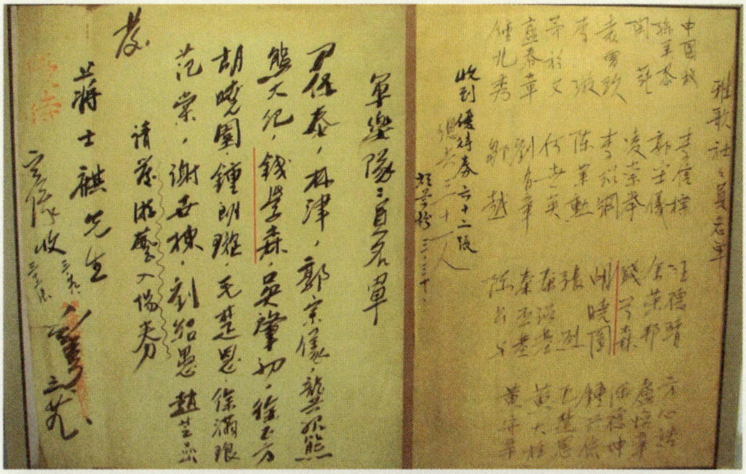

1933 年，国立交通大学铜管乐队和学生雅歌社会员名单

国立交通大学管弦乐队合影（前排左一为钱学森）

管弦乐队于1932年11月成立，每周二16点在音乐教室排练，12月中旬就公开演奏，可见队员的演奏水平都是不错的。

都有一场演出。为了吹好乐器，钱学森经常买票去听这个管弦乐队演奏。那时，听这种高雅音乐的大都是一些身穿礼服的绅士、太太。钱学森个子不高，穿着中式学生服，夹在这些人中间走进音乐厅时，人们都以异样的眼光看着他，门卫甚至把他拦住，问他来干什么。他也不作声，礼貌地出示门票后，径直走向自己的座位。

为了提高自己的音乐修养，他经常到学校图书馆去阅读艺术类的图书，特别是音乐类的书刊，如丰子恺的《音乐的听法》、张若

1930 年上海大江书铺出版了丰子恺翻译的《音乐的听法》

丰子恺，中国著名的画家、文学家、美术和音乐教育家，先后出版书法、画集、散文、美术理论和音乐理论等著作 160 多部。1922 年，丰子恺游学日本回国后，以教书为业，所授科目是美术和音乐。教学之余，他撰写了大量音乐启蒙著作，如《音乐的常识》《音乐入门》《音乐知识十八讲》《世界大音乐家与名曲》。1929 年，他翻译了日本音乐著作《音乐的听法》等。中国早期很多音乐家都是读着丰子恺的著作成长起来的，聂耳、丁善德等当时学习音乐的教材就是丰子恺的《音乐入门》。

谷的《到音乐会去》等。从休学时在杭州阅读普列汉诺夫的《论艺术》、与表兄李元庆探讨音乐鉴赏心得，到复学后一两年间在音乐社团的实践，钱学森对音乐有了很深刻的理解，并且已经形成了理性的认识。有一次，他在图书馆里读爱因斯坦的传记，当看到关于爱因斯坦钢琴弹得不错、小提琴也拉得相当好的描述时，他羡慕不已。爱因斯坦在研究相对论的日子里，正是弹奏钢琴给其带来了许多灵感。钱学森牢牢记住了爱因斯坦说过的话：“音乐对于培养人的联想与想象能力有着重要的作用，而科学家如果缺乏联想与想象能力，是很难成功的。”

1935 年 2 月，《浙江青年》杂志刊载了钱学森撰写的一篇文章——《音乐和音乐的内容》。在这篇 6000 余字的文章里，钱学森对如何欣赏音乐做了由表及里的分析。作为一名理工科的大学生，写出具有专业音乐水平的论文，实在是难能可贵。他指出：鉴赏音乐“必须注重在内容，必须注重在其情绪的流动，必须使你得到它的感动”。而提高鉴赏能力的重要办法，就是多听名家的音乐作品。

在文章中，他列举了一些世界著名音乐家作品中的典型乐句，如：俄国的柴可夫斯基如何表现悲怆的情绪，德国的门德尔松如何表现海阔天空的意境，挪威的格里格如何描摹清晨的感觉，等等。他引用美术和音乐教育家丰子恺先生的名言，从对音乐的欣赏中去体味音乐的“官能美、智能美与情绪美”。

在文章中，钱学森还用很长篇幅谈了青年怎样才能欣赏到经典的音乐作品。他提倡青年朋友多听上海正规的管弦乐队演奏的世界音乐名家的作品。如果因为票价高等原因而不能常去听音乐会，他想出一个办法——听唱片。但当时的唱片每张要花 6 元 6 角，穷学生仍然负担不起。钱学森又建议：“可以集合爱好音乐的同志，组成一个团体，如有 40 个人，每人每月出 4 角钱，就有 16 元了。再和唱片公司协商一下，打个折扣，那么每月差不多可以买 3 张唱片，如此一个月少看一两场电影或少用些零用钱便可以听到名曲。而且听唱片有个好处，一次听不懂，你可以再听一次，甚至 2 次、3 次、4 次，听懂为止，这对初学者是最适宜的。”事实上，钱学森正是这样做的。他常与罗沛霖等同学一起欣赏各自的唱片。他们边听边议论，互相启发，其乐融融。

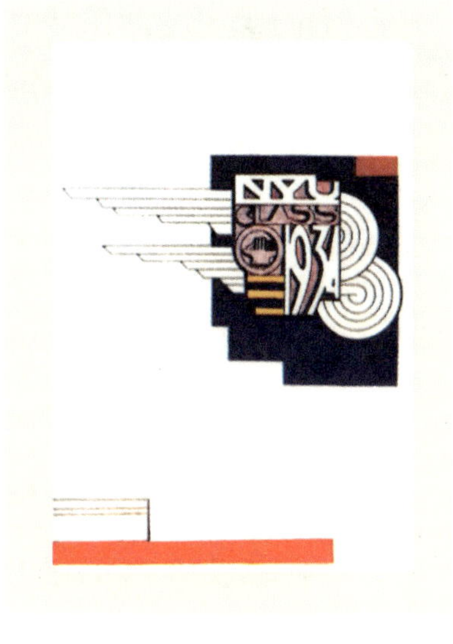

钱学森设计的国立交通大学 1934 届学生毕业纪念册

5 不造火车造飞机

1934年10月2日，北平秋高气爽。

紫禁城明黄色的琉璃瓦屋顶被秋雨洗过，光亮亮的。绿树掩映下，红墙黄瓦依旧透露着当年大清皇宫的巍峨壮观。

紫禁城西北10千米外，宁静的清华园里，一棵棵挺拔的银杏，舒展着小折扇般的树叶，沐浴在秋日的暖阳下。

与平日琅琅书声的气氛不同，校园里回响着一阵阵嘈杂声。学子们三三两两聚集在一份公告前，议论纷纷。这天，正是每年全国各地报考留美公费生发榜的日子。

通告发布栏前，人头攒动，以至栏前小径的"交通"有些堵塞。

只见上面一行大字"国立清华大学考选留美公费生揭晓通告"，下面写道：

本大学本届考选留美公费生各门成绩业经留美考试委员会详慎审核，决定各门录取名额公布如次

历史学门（注重美国史）一名 杨绍震

考古学门一名 夏鼐

油类工业门一名 孙令衔

造纸工业门一名 时钧

陶瓷工业门一名 温步颐

理论流体学门一名 王竹溪

高空气象学门一名 赵九章

海产动物学门一名 萧之的

应用植物生理学门一名 殷宏章

农学门（注重选种）一名 汤湘雨

农村合作门一名 杨蔚

人口问题门一名 赵铸

国势清查统计门一名 戴世光

劳工问题门一名 黄开禄

成本会计门一名 宋作楠

国际私法门一名 费青

地方行政门一名 曾炳钧

水利及水电门（河工组）一名 张光斗

水利及水电门（水电组）一名 徐芝纶

航空门（机架组）一名 钱学森

钱学森在国立交通大学的毕业照

20门专业，涉及社会科学和自然科学两大领域，兼容文、理、工三科，可见留学专业之丰富，涉猎之广泛；每专业只录取1人，可以想象脱颖而出之艰难，竞争之激烈。

钱学森是在杭州家中得知自己金榜题名的，特别是考取了自己热盼的航空专业，他松了一口气，无比兴奋。

国立交通大学 1934 届机械工程系学生合影（前排右二为钱学森）

钱学森在国立交通大学所学的专业，原本是机械工程系的机车制造专业。当时，吸引他的是孙中山先生在《建国方略》里为中国未来铁路建设勾画的宏伟蓝图。

孙中山先生在《建国方略》中提出，要修建 16 万千米的铁路，这是我国最早的一个铁路规划。此后，修建铁路成为重要的基础工业，铁道工程师成为有志青年报效国家所向往的职业。看到詹天佑修筑京张铁路的爱国之举，钱学森进一步认识到，国家的交通系统就像人体的大动脉，不可缺少。1929 年，钱学森考取国立交通大学机械工程系，攻读机车制造专业。他要效仿詹天佑，修铁路，造火车，投身孙中山为中国未来铁路建设勾画的宏伟事业。

然而，1931 年“九一八”事变以及 1932 年在钱学森身边发生的

“一·二八”抗战，改变了他的想法，日本侵略者用飞机和大炮“炸碎”了他心中憧憬的铁路和火车。看到蔡廷锴将军率19路军以弱斗强，慷慨悲壮地抗击日寇的战斗场面，看到一架架翅膀上贴着“红膏药”的日本飞机，对着平民百姓、大街小巷狂轰滥炸的罪恶行径，钱学森受到了深深的刺激。

钱学森还从报纸和其他资料上得知：远在大洋彼岸的美国，有一对莱特兄弟，他们早在1903年就在滑翔机上安装了汽油发动机，驾机试飞成功，开辟了人类现代航空的新纪元；1918年，美国率先开通了从纽约到芝加哥的航线；20世纪30年代初，美国成功制造DC-3螺旋桨客机并投入使用。美国的航空工业已在全世界遥遥领先。

“一·二八”抗战无果而终的残酷现实，给热血青年钱学森兜头盖脸一盆冷水。眼见蒋介石、汪精卫承诺日本侵略军继续留驻上海，19路军被迫前往福建“剿共”，中日双方于5月5日签订《淞沪停战协定》，钱学森开始明白，现代国防事关中国的生死存亡，他的志趣从

詹天佑（1861—1919）

詹天佑是中国近代杰出的铁路工程专家，12岁留学美国，1878年考入耶鲁大学土木工程系，主修铁路工程。他于1905年至1909年主持修建了中国自主设计并建造的第一条铁路——京张铁路；创设“竖井施工法”和“之”字形线路，震惊中外。著有《铁路名词表》《京张铁路工程纪略》等，有“中国铁路之父”的美誉。

钱学森拍摄的杭州被日寇飞机轰炸的情景

“一·二八”抗战中，上海几乎毫无遮蔽地暴露在日军飞机之下

据当时的资料记载，日本拥有飞机 2000 架，已经有了比较完整的航空工业，而中国只有 270 架飞机，能投入空战的不到 100 架，不仅数量上比日本低了一个数量级，而且全部依赖进口，国内连一家飞机设计制造厂也没有。

造火车逐渐转向了造飞机。他认为，造飞机对于屡屡遭受列强欺辱的中国更具有实际意义，作为有知识的新青年，理应去学习和掌握世界上最先进的科学技术。

从那时起，他经常钻到图书馆里博览群书，并特别专注于飞艇、飞机和航空理论的书籍，有一本介绍美国火箭鼻祖罗伯特·戈达德的书，他看得津津有味。利用业余时间，他积累了不少航空方面的专业知识，他回忆说：“我还记得借过一本英国格洛尔写的专讲飞机机翼气动力学理论的书来读，当时虽没完全读懂，但总算入了气动力学理论的门，这是我后来从事的一个主要专业领域。”

1933 年，国立交通大学的外籍教授威斯曼开设了航空工程课，初萌“航空救国”之志的钱学森当年下半年就去选修这门课。在距大学毕业仅有一年的时间里，他不仅很好地完成了主修课关于火车头的毕业设计，还在选修课的考试中取得了两个学期平均 90 分的好成绩，是 14 名选修此课的学生中成绩最好的。

1934 年 8 月，钱学森参加了“庚子赔款奖学金”公费赴美学习的考试，他毅然报考了航空专业，以实现他“航空报国”的理想。这次发榜，他终于如愿以偿。

1935 年，钱学森在赴美留学之前，专门和同学相约到北京青龙桥火车站，在詹天佑的塑像前瞻仰凭吊，向他久仰的科学前辈告别，也向他苦读了 4 年的火车专业做最后的告别——他就要从航空专业开始新的起飞了！

报考航空专业，是钱学森一生中最重要的一次选择，如果不是报考这个专业，他将与赴美留学失之交臂，而且这个选择对他来讲是决定命运的，此后所发生的一切，冥冥之中都与此有关。

链接 庚子赔款奖学金

1900 年，是中国农历庚子年。8 月 4 日，八国联军借口剿灭义和团，从天津进攻北京。1901 年 9 月 7 日，清廷被迫与列强签订了丧权辱国的《辛丑条约》，赔偿关平银 4.5 亿两，分 39 年还清，史称“庚子赔款”。“庚子赔款”中，美国分到 2500 万美元，连同 39 年的利息总计 4600 万美元。后来，中国驻美公使发现，这笔赔款超出了美国来华军队实际花费的一倍，纯属“虚报冒领”。经过多次交涉，老罗斯福政府决定把多余的钱归还中国，方式是设立一个让中国学生到美国留学的奖学金。这个奖学金便是“庚子赔款奖学金”，于 1909 年设立。第二年“清华学堂”（清华大学的前身）成立，专门负责遴选、派遣每年的获奖人员，并把他们送到美国留学。

詹公天佑之像

钱学森向他久仰的科学前辈告别，他要从航空专业
开始新的起飞！

6 天才出于勤奋

1935 年 8 月 20 日，阴湿闷热的傍晚，浑浊的江水搅动着天际一抹淡淡的晚霞。上海黄浦江码头人头攒动，24 岁的钱学森告别亲人，登上了“杰克逊总统号”邮轮，奔赴遥远的异国他乡。

邮轮在大海上行驶了 14 天，凭栏望去，眼前是无际的茫茫大海，但是钱学森的心里却渴望着蓝天。几年前日本飞机狂轰滥炸上海的爆炸声，还响在耳畔，他憧憬着即将开始的航空专业学习，他下决心，为了祖国，一定要把设计制造现代化飞机的本领学到手。9 月初，钱学森终于到达美国，进入著名的麻省理工学院，开始了留学生活。

钱学森勤奋努力，学习刻苦，只用了一年时间，就获得了麻省理工学院航空工程系硕士学位，学业上取得了优异成绩。1936 年 10 月，钱学森转到加州理工学院，在世界著名力学家冯·卡门的指导下，攻读航空博士学位。

这一天，钱学森脚步轻盈地徜徉在学院的林荫道上，好奇地向道路两旁张望，熟悉着这座自己即将开始新的求学岁月的学府。当他路过一座浅黄色砖石结构的大楼，看见楼门上方写着“古根海姆实验大楼”时，心里一阵激动。想到自己将要在这里，在冯·卡门

钱学森1935年从上海赴美留学时在邮轮上留影

钱学森在麻省理工学院求学期间留影

古根海姆实验大楼

的指导下学习空气动力学和动手操作许多有趣的实验时，钱学森脸上不禁浮出憧憬的微笑。

他看见几名学生模样的青年人坐在大楼前树丛下的石凳上谈话，便走上前去搭讪。一个学生以“过来人”的口气说：“你将要感受到，在这里上课是何等艰苦的事。‘压力’就是加州理工学院的代名词。这里的学业负担之重、学习节奏之紧张，很少有其他的大学能相比。”一位俏皮的学生说：“除非你想当科学家或是工程师，不然千万不要到这儿来上学。我们学校与迪士尼、好莱坞等娱乐胜地以及洛杉矶近在咫尺，竟有学生 4 年都没迈出过 124 英亩（约 0.5 平方千米）的校园一步，你相信吗？这里令不少因升学而前来观光的高中应届毕业生目瞪口呆，望而却步，也一度令20%的学生因种种原因毕不了业——或是辍学，或是转学。”

钱学森谦逊而又充满信心地说：“我想，我会尽力使我的导师满意。”

学院将一年分成3个学期，每个学期5门课，3个学期共修15门课。也就是平均一个星期有50个学时，毕业前必须修满486学时的课程。另外，所有的学生都必须上5门物理、2门化学、2门数学、1门生物、1门天文或是地质，还要上2门实验课。

钱学森有了在北师大附中和国立交通大学打下的扎实基础，应对这些基础课程游刃有余。在课堂上，尽管老师讲的课程在其他一些同学听来一头雾水，可钱学森不但能够很快领悟，还时常提出一些关键的、复杂的问题，使同学们和教授感到吃惊。除了学习这些规定的课程外，他还自己进行了一系列关于航空学的研究。数十年之后，他对报社记者说，在加州理工学院的第一学年，他收集了所能找到的全世界与航空学有关的研究资料，系统性地加以阅读。他平均每天花在读文献上的时间超过10小时。他的同学马勃后来回忆：“钱学森在加州理工学院的第一学年，从8点到23点，他几乎一直在工作。在一个又一个通宵无眠的漫漫长夜里，他借助纸、笔和计算尺（现代计算机发明之前的计算工具），绞尽脑汁地解决导师冯·卡门留给他的那些难题。”

冯·卡门很快发现，新收的这位中国学生和自己有不少相似之处——这位学生不但聪明好学、博闻强记，而且常常提出不同凡响的问题；唯有一点不同——自己在人头攒动、气氛热烈的场合才思

1938 年钱学森在加州理工学院的留影

敏捷、口若悬河，而这位中国学生，却喜欢独处。钱学森很少与同学聊天，他总是把难题带回住处，在夜深人静的时候独自思考，之后得出令人满意的答案。

因此，人们走过钱学森租住的南卡塔琳娜大道 344 号时，常常看到窗口的灯光彻夜不息。

物理系的大理论家保罗·爱泼斯坦在教授量子力学、相对论等选修课时，被一个亚洲学生吸引住了。他那双特别的黑眼珠经常跟随着自己的讲解转动，并时常提出深奥的见解与问题，显得十分活跃。这个学生思维敏捷、成绩优异，提出的问题深刻而复杂，远远超出了课程的进度和范围，其他学生对这位同学提出的问题困惑不解，而爱泼斯坦教授却师心大悦。教授喜欢这位亚洲学生的提问，回答他的问题有一定难度，但很有趣，甚至有时在课堂上还不能立刻回答他，课下爱泼斯坦要主动找他探讨。爱泼斯坦很快记住了这位亚洲学生的名字——钱学森。

一天，爱泼斯坦忍不住拉住钱学森悄声问："你是中国人吗？"

"当然。"

钱学森简洁的回答没有解开爱泼斯坦的迷惑，他进一步追问："我想知道你是不是混血儿，有没有别的血统？"

"不是，我是纯粹的中国人！"钱学森不假思索地回答。

"哦，是吗？你的导师是谁？"

"是冯·卡门教授。"

没过几天，爱泼斯坦遇见了冯·卡门，就与卡门聊起来："你有一个叫钱学森的学生经常听我的课，我发现他非常优秀，才华横溢。"

冯·卡门笑了，点点头："是啊，他很不错。"

"但是我很迷惑，他是东方人，可他的大脑是西方的，智商很高，你觉得他是否具有我们犹太民族的血统？"爱泼斯坦与冯·卡门都有着犹太血统。

1939年钱学森在美国加州理工学院获航空、数学博士学位

钱学森曾回忆说："在这里，拔尖的人才很多，我得和他们竞赛，才能跑到前沿。这里的创新还不能局限于迈小步，那样很快就会被别人超过。你所想的、做的要比别人高出一大截才行。你必须想别人没有想到的东西，说别人没有说过的话。"

链接 “卡门–钱学森”公式

“卡门–钱学森”公式可以计算出当飞机的速度接近340米每秒的声速时，空气的压缩性对机翼和机身的升力影响有多大，这使得喷气式飞机的设计有了清晰的理论依据和计算途径。

“不，不，他是纯粹的中国人，”卡门教授接着说，“保罗，我认为聪明的民族不仅限于我们犹太人，还有中国人。钱学森就是中国人里聪明、勤奋的代表。”

钱学森在加州理工学院得到冯·卡门大师的精心培育和学术熏陶，在1938年完成的博士论文中，他和导师共同创建了闻名于世的“卡门–钱学森”公式，其独到的见解和原创性的贡献，使他在28岁时就成为世界知名的空气动力学家。此公式是飞机设计的传世经典和空气动力学的重大突破，因此现代世界科技史上为数不多的中国人的名字又增加了一个。

钱学森在加州理工学院10年，前3年作为冯·卡门的优秀博士生，后7年成为冯·卡门的得力助手。钱学森仅用了10年时间便在美国航空科学界功成名就。

7 这种天资是我所不常遇到的

1939年的冬天，大雪纷飞，一朵朵蓬松的雪花，飘浮在清冷的寒风中，为加州理工学院披上了一身银装。

已经获得博士学位变身为助理研究员的钱学森，和导师冯·卡门一起站在古根海姆实验大楼前。

冯·卡门皱着两撇浓眉，望着满眼的“飘絮”，对他的爱徒说：“钱，前线的飞机在给我们出难题了。”

原来第二次世界大战开战后，空军的重要作用日益凸显，交战各国已经淘汰了速度很慢的活塞式蒙皮双翼飞机，都在想方设法采用薄而轻的金属壳体制造的飞机。但是，当飞机高速飞行，薄壳结构的载荷超过一定数值时，壳体就有可能发生皱瘪，即产生“屈曲”现象。这样，飞机就会失稳以致完全破损。设计师急切需要知道发生“屈曲”的临界载荷数据。然而，当时只有前人依靠经典线性理论计算出来的数值，与实验值差了3～4倍，无法应用。人们只好凭借经验“拍脑袋”去设计薄壳金属飞机，因此成功率很低。

冯·卡门深知解决这个难题在第二次世界大战中的重大意义，于是鼓励钱学森尽快研究解决“薄壳失稳”的问题。

钱学森（左三）和同事在古根海姆实验大楼前

1938 年钱学森在加州理工学院

钱学森接受了老师交给他的这项难题。

从 1940 年到 1942 年，钱学森经常把自己关在古根海姆实验大楼 3 层的研究室里工作，直到深夜。一位当年的研究生回忆道："有天一大早，好像是感恩节或圣诞节，我在学校赶功课，原以为整幢大楼里只有我一个人，所以我把留声机的声音开得特别大，还记得我听的是旋律特别激昂的《时辰之舞》（*Dance of the Hours*）。当乐曲的高潮放到一半时，突然有人猛烈敲我的墙壁，原来我打扰到隔壁的钱学森了。我这才知道，中国学生比犹太学生更用功。后来他送我几份他写的关于可压缩流体压力校正公式的最新论文，算是为对我大吼大叫表示歉意。”

1940 年 9 月，到加州理工学院进修的中国空气动力学者张捷迁恰好与钱学森合用一间研究室。有整整一年时间，他几乎天天跟钱学森见面。他回忆道：“钱学森跟我是好朋友。我们天天一块儿吃午饭和晚饭，有时工作紧张，吃罢晚饭就得回研究室继续工作。有时我会早点离开——我很少待到午夜。但他不肯停止，即使过了午夜，他房间的灯也还亮着。”

两年之内，钱学森潜心研究了前人所做的工作，剖析了前人理论的优缺点，搜集了能够得到的点点滴滴的实验数据。

1940 年，在冯·卡门的具体指导下，钱学森的研究工作进一步深入，他发表了《球壳外压屈曲》的论文。在 26 页的手稿上，工整秀气的字体是钱学森的，飘逸花哨的字体则是他导师的，师徒二人的智慧浑然一体。

为了回答究竟多大载荷会使受压的球壳失效这个问题，钱学森提出了一个新思路——经典理论之所以不适用，在于它没有考虑到金属壳体在加载过程中除了保持球形位形外，还可能存在多个位能更低的其他位形。一旦壳体受到外界干扰，它就有可能被激发而发生位能的高低跃变。因此，设计师不仅要知道经典线性理论所给出的“上”屈曲载荷的准确数值，还要特别注意找出使壳体发生有限变形时“下”屈曲载荷的准确数值。由于钱学森的计算结果确实与实验值十分接近，这一新的发现和理论很快被学术界和工程界接受，成为飞机设计的主要依据。

1941 年，钱学森把上面提出的计算屈曲临界载荷的能量跃变准则，又推广到应用更为广泛的柱壳领域。

柱壳体与球壳体产生屈曲现象的原理相同，但是计算却大不相同。钱学森建立理论模型，列出特征方程，寻找应力关系，制作演算图表，一步步推导，一行行计算，然后与实验结果反复对照。一次不满意，就推倒重来，他前前后后写了5份文稿。他的同事席尔斯回忆说："有一次我到冯·卡门家中，只见冯·卡门跟钱学森正在讨论，他们似乎有些数学细节未能厘清，两人分头演算，得出的误差竟然还不小。我当然有兴趣知道大教授跟他的得意门生究竟谁对谁错，所以竖起耳朵听。他们从头开始核对，一行一行比较，结果两个人都对！只不过在计算到某个阶段时，他们选择了不同的方法。然后他们又从头开始讨论哪一种计算方法合适……"

有时，冯·卡门突发奇想，会迅速在黑板上写出一道难得不得了的方程式，随后自己扬长而去。一星期后，钱学森会一声不响地把整套棘手的方程算完，然后跑进来对同事们说："冯·卡门的想法是对的！我算的结果真的就是这样！"

在古根海姆实验大楼做航空工程学研究员的李普曼教授回忆道："钱学森提高了冯·卡门的创造力，他杰出的数学技巧在最短时间内把冯·卡门的观念付诸实施。"

钱学森并不满足于理论推导和纸面计算，他必须用实验结果来验证他的结论。在数学演算中他发现，圆柱形外壳发生屈曲时，大多出现钻石形状。为了求证此事，他和同事们在校园大楼外搭了一具直径3英尺（约0.9米）、长10英尺（约3米）的金属壳，慢慢注满水，增加内部压力。这具金属壳果然逐渐变形，表面出现许多钻石形状。一位参加实验的校友拉索夫说："理论预测跟事实完全符合。钱学森目睹他的理论经由实验证明，也大呼真不可思议。"

历时100多个日落日出，终于，钱学森拿出了一份分量十足的论文《柱壳轴压屈曲》，1941年美国《航空科学学报》第8卷刊登了这篇论文。论文发表时只有短短的10页，可是钱学森为了凝练这10页，写下的演算草稿竟达800多页。想一想，现在我们一般人即使用计算机抄录800多页的文字，也要花费很长的时间，何况当年的钱学森是进行艰苦的创造性手工写作！

在完成了老师交给的难题后，钱学森终于长长地舒了一口气。他把800多页手稿装进一个纸袋里，并在纸袋外面写下了"Final"（最后的定稿）字样。但他立刻想到，认识是无止境的，真理是相对的，于是，紧接着又在"Final"右上角补写了一行小字"Nothing is final"（没有什么认识是终极的）。

钱学森关于薄壳体稳定性的研究，取得了非凡的成就，不仅对

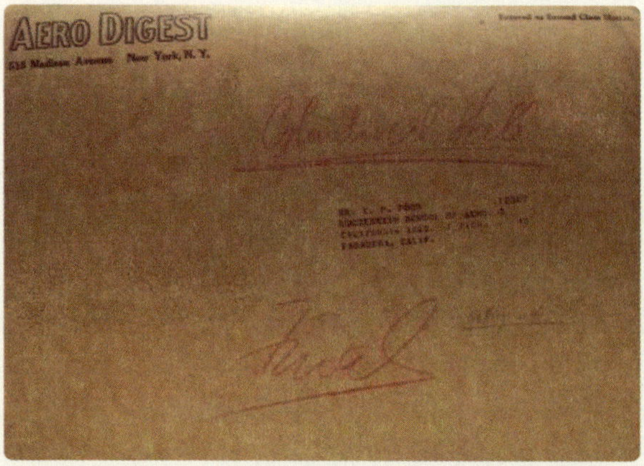

写有"Final"字样的纸袋

钱学森和西奥多·冯·卡门

一向以严厉著称的冯·卡门对钱学森这个中国学生既赞许又推重，在几十年后他出版的自传《风云际会》中，唯一花整章篇幅描述的学生就是钱学森。

冯·卡门在书中是这样评述钱学森的："我发现他非常富有想象力，他具有天赋的数学才智，能成功地把它与准确洞察自然现象中物理图像的非凡才能结合在一起。作为一个青年学生，他帮助我提炼了我自己的某些思想，使一些很深的命题变得豁然开朗。这种天资是我所不常遇到的，因而，他和我成了亲密的同事。"

高速飞机的研发有帮助，对火箭壳体的工程设计也具有非常重要的理论意义和现实意义。钱学森很快成为冯·卡门的亲密合作者和得力助手，成为当时加州理工学院和航空界最惹人注目的人物之一。他取得的具有开拓性和实用价值的研究成果，奠定了他在航空技术工程理论界的地位，也使他名副其实地进入了国际知名学者的行列。

8 校园敢死队

清冷的晨风中，有 5 个人影在曚昽的雾霭里晃动。中午时分，河谷西岸搭起了一座粗糙的火箭测试台。那里是美国洛杉矶帕萨迪纳小镇郊外的一条干涸、布满沙石的河谷，人称阿罗约 · 塞科河谷。一切静悄悄的，只有河谷里废弃的水坝默默地注视着他们。

这 5 个人是被他们的导师冯 · 卡门“撵”到这里来的。前几天，他们引发的一场大爆炸险些要了他们的命，也把一向清静的加州理工学院搅了个鸡飞狗跳。

他们来自学院里的一个“草根”组织——火箭小组，成员有马林纳、史密斯、帕森、福尔曼和钱学森。马林纳、史密斯和钱学森都是航空工程系的研究生，前两人负责火箭总体设计，钱学森负责理论计算；帕森学化学，负责研制火箭燃料；福尔曼擅长机械设计，负责搞火箭结构。

这个“草根”组织在校园里极不受“待见”。在 20 世纪 30 年代，大多数人认为，火箭是科幻小说家和好莱坞片商才感兴趣的玩闹把戏。幸好航空工程系的著名教授冯 · 卡门喜欢这些“狂妄分子”，在他的庇护下，火箭小组才得以开展活动。由于没有经费，他们有

钱学森参加了加州理工学院火箭小组的工作

的人到学校打零工，有的人去垃圾场捡废料，甚至还有人窝在厨房里写科幻小说，希望能卖给好莱坞制片厂。就在他们因筹不到购买仪器的钱，几乎要放弃火箭研制计划时，他们得到了气象系一位好心同学阿诺德 1000 美元的捐助，才得以渡过难关。

不料，在动手做火箭试验时，他们闯了大祸。先是马林纳和史密斯不慎在校园的草坪上打翻了一瓶燃料氧化剂——四氧化二氮，留下一大片“焦褐”，惹火了园丁；接着，他们在实验大楼做火箭发动机试验又发生了故障，四氧化二氮和酒精的混合物点不着，喷出很多红色的泡沫和又腥又臭的气体，搞得大楼里乌烟瘴气，带有腐蚀性的气体使航空工程系的实验室里所有仪器设备的金属表面都蒙上了一层红锈；更严重的一次，是火箭发动机点火后突然爆炸，“轰隆”一声巨响，整个实验大楼晃动起来，震碎的窗户玻璃噼里啪啦四处飞溅，楼里的学生惊恐万状，夺路而逃，火箭小组的成员也灰头土脸跌跌撞撞地夹在逃窜的人群中，吓得校长以为学校遭到轰炸或发生了地震。

导师冯·卡门因此受到了校方的斥责，他气得粗眉倒立，对着火箭小组成员大声吼道："给我出去！"冯·卡门勒令他们立即搬家。从此，"草根"被学校"拔除"，校方禁止他们再踏入学校实验室一步。

5个人并不死心，他们拖着沉重的装备，来到距离学校几千米远的荒僻的阿罗约·塞科河谷，继续着他们的危险试验。校园里到处"传颂"着火箭小组的"英雄事迹"，他们被戏称为"敢死队"和"自杀俱乐部"。

钱学森在"敢死队"里充当着专职数学家和理论家的角色。1937年5月，他完成了一份题目很长的报告——《火箭发动机喷管扩散角对推力影响的计算》。这份报告指出，火箭尾端喷出的火焰周径要小，才能集中推力；火焰面积过大则易导致火箭失控。钱学森还详尽地推算出，采用固体推进剂进行多次燃烧喷气而获得的脉冲式推力，可使火箭飞到30000米的高度，推翻了他的前辈根据静态燃烧实验得出的火箭只能飞上3000米，根本无法探空的悲观估计。

钱学森的报告收在被火箭小组奉为"圣经"的一本实验报告汇编里，成为指导他们研究工作的理论基础。

1938年5月，"敢死队"的努力终于有了回报。他们的火箭发动机运转了整整1分钟，响亮的轰鸣声，吸引了全校师生围观赞叹。当时，第二次世界大战云谲波诡，美国军方敏锐地意识到火箭在战场上将具有十分重要的作用。

1939年1月，"敢死队"得到了国家拨给的1000美元经费，用以研制固体和液体火箭发动机及其推进剂。半年后，他们又得到了第二笔 10000 美元的资助，任务是建成一个发动机试验站。

冯·卡门认为，能得到官方交给的科研项目，证明了国家对火箭小组的首肯，因此应该给这个“草根”组织正名了。鉴于火箭小组曾被冠以“敢死队”“自杀俱乐部”的绰号，在公众中名声不好，所以，他决定把火箭小组改名为喷气推进实验室（JPL），自己担任主任。实验室最初设立弹道、材料、推进、结构 4 个研究组，钱学森负责推进组，并与同事史都华共同管理弹道组。后来实验室扩张为研究分析、水下推进、液态燃料、固态燃料、材料、推进剂、工程设计、研究设计、遥控 9 个组，钱学森担任研究分析组组长。

钱学森白天从事正常的加州理工学院助理研究员工作，晚上经常带着笔记本、笔和计算尺，跑到马林纳家里攻关火箭课题。

1950 年 7 月，钱学森参与研制的美国第一枚探空火箭发射成功

德国 V–2 火箭

V–2 火箭是纳粹德国在第二次世界大战中研制的一种短程弹道火箭，也是世界上最早投入实战的弹道火箭。“V”是德文“复仇者”的字头，“V–2”就是“复仇者二号”。

V–2 火箭为单级液体火箭，全长 14 米，直径 1.65 米，起飞质量 13 吨，装有十字形尾翼，采用酒精和液氧做推进剂，飞行全程约 5 分钟，能将 1 吨重的弹头发射到 300 千米左右的地方。V–2 火箭的控制技术极不完善，它的打击精度较差，命中率较低，所以尚不能称之为导弹。尽管它在第二次世界大战中扮演了极不光彩的角色，但它仍被认为是现代火箭和导弹的鼻祖。

马林纳家的房子很小，他只好把前廊改装成办公室，钱学森、马林纳和其他同事一起围着桌子靠在藤椅上大声讨论，有时争论得面红耳赤。吵完没多久，钱学森就会把一大摞写满方程式的计算纸高高地堆在桌上。马林纳的妻子回忆道：“我能听见他们工作时的交谈声。他们会比较各人的笔记，争辩说‘你一定错了’‘你一定不对’。过一会儿，马林纳会大叫‘不会的，不会的’，然后大家哈哈大笑。”

很快，喷气推进实验室得到了空前发展。阿罗约·塞科河谷里大兴土木，各种实验大楼一幢幢落成，运送物资的汽车经常在马路上排起长队。干涸的河谷中时常传出刺耳的隆隆咆哮和突发的爆炸声，附近的住户屡屡抱怨那里传出的不明声响。直到第二次世界大战结束，他们才知道那里的秘密。

1942 年，美国军方得到德国正在研制 V–1 和 V–2 火箭的情报，火箭没有翅膀，为什么能飞起来？

1 音频科普

遂想到“敢死队”，通过已担任美国军事机构顾问的冯·卡门教授，邀请钱学森等人研制能对付德国法西斯的导弹武器。

1943 年 11 月，钱学森与马林纳合作完成《远程火箭的评论与初步分析》研究报告，提出了 3 种火箭设计思想，为美国地地导弹和探空火箭的研制奠定了重要理论基础。这是美国导弹发展计划的第一份正式文献记录，被誉为“美国导弹先驱”计划。

1946 年 2 月 13 日，美国空军司令阿诺德将军致函钱学森，表彰其在火箭燃料与发动机、固体与液体燃料火箭、火箭助推起飞装置，以及大型火箭等诸多方面卓有成效的研究工作，和他为火箭和喷气推进等领域的发展做出的巨大而无价的贡献。钱学森由此奠定了自己美国早期火箭“理论设计师”的地位。

钱学森在美国从事军事工作的胸牌

1945 年 4 月，钱学森(前排右三)以美军少校身份随冯·卡门率领的美国国防部科学咨询团赴德国考察

美国专栏作家米尔顿·维奥斯特曾这样写道：“第二次世界大战期间，在钱学森的帮助下，大大落后于德国的、非常原始的美国火箭事业发展到了相当成熟的阶段。钱学森对建造美国第一批导弹起过关键作用，他穿上军装随同盟国军队进入德国去研究由希特勒的工程师们设计的可怕的空袭武器。4 年以后，他就成为制定使美国空军从螺旋桨式飞机向喷气式飞机过渡，并最后向遨游太空的无人航天器过渡的长远规划的关键人物。钱是帮助美国成为世界第一流军事强国的科学家银河中的一颗明亮的星。”

9 五年归国路

1950年6月6日，天气有点阴沉，冷风挣脱云层的束缚，带着细雨洒向大地。两个身穿深色风衣的联邦调查局探员，幽灵一般进入了加州理工学院。他们闯进了钱学森的办公室，调查钱学森究竟是不是共产党员。美国政府找上门的“审问”，阻断了钱学森回国的步伐。

原来，1949年10月大洋彼岸传来了新中国诞生的消息，在美国功成名就的钱学森，内心深处燃起回国的念头。

钱学森后来回忆说：“我于1935年去美国，1955年回国，在美国待了20年。20年中，前三四年是学习，后十几年是工作。所有这一切都是在做准备，为了回到祖国后，能为人民做点事。我在美国那么长时间，从来没有想过要在那里待一辈子，我这么说是有根据的。因为在美国，一个人参加工作后，总要把他的一部分收入存入保险公司，以备晚年退休之后用。在美国期间，有人好几次问我存了保险金没有。我说1美元也不存。他们听了感到奇怪。其实，没有什么奇怪的，因为我是中国人，根本不打算在美国住一辈子。到1949年底，我得知新中国成立，认为机会到了，应该回祖国去。”

1949年10月6日是中国的中秋节，当晚钱学森夫妇与同在加州

功成名就的钱学森在家中花园里

理工学院的罗沛霖、庄逢甘等十几位中国留学生一起，在校外的街心花园聚会过节。他们为新中国成立而感到振奋，同时难抑思乡之情。他们心中盘算着回国的时机到了。而且在此之前的 5 月，钱学森已收到留美中国科学工作者协会负责人葛庭燧教授转交的一封信，殷切希望钱学森尽快返回祖国，参加即将诞生的新中国的建设工作。钱学森收到祖国的召唤几天后，便与罗沛霖相约，尽早回国。

但是，1950 年美国麦卡锡主义者掀起一股"反共"排外的浪潮。正准备回国的钱学森成为麦卡锡主义迫害的对象。钱学森的私人信件被拆，住宅电话被窃听，连他的"国家安全许可证"也被吊销了。这意味着钱学森不能继续从事带有机密性质的喷气推进技术的研究工作，更不能留在原来的喷气推进实验室了。钱学森对此非常气愤，他提出抗议，并义正词严地表示，他宁肯回到中国老家去，也不愿在受到怀疑的情况下继续留在美国。他公开宣布，要和妻子带着两个孩子一起回中国,并立即订下机票,请包装公司把行李打包,准备离开美国。

1950年8月，钱学森到华盛顿的五角大楼见海军部次长丹尼尔·金贝尔。因为钱学森曾是美国海军部的高级科研人员，在金贝尔的领导下工作过，金贝尔很欣赏钱学森的出众才华，很多科研项目都交给钱学森去完成。在金贝尔的办公室，钱学森说明了自己的处境，郑重地宣布："次长先生，我已经准备动身回国了。"

金贝尔吃了一惊，他相信钱学森不是美共产党员，更不想让这样一位大有作为的科学家离开美国。他提出，钱学森可以先在学校担任数学教授，待把所有问题澄清后再重新参加国防科研工作。钱学森拒绝了金贝尔的安排，说："你很清楚，我受到了麦卡锡主义的无理迫害，这些人说我是美共产党员，吊销了我接触机密的证件，联邦调查局甚至还在罗列我所谓的间谍罪名。因此，我决定回国，这是没有什么好商量的了。"

钱学森愤然离开后，金贝尔马上拿起电话，拨到了美国司法部，并在电话里大声说："决不能放走钱学森！那些对我们最宝贵的资料，他知道的太多了！"金贝尔说着，好像丧失了理智，竟声嘶力竭地吼叫起来："我宁可把这个家伙枪毙了，也不能让他离开美国！无论在什么地方，他都顶得上5个师！"

1950年9月，钱学森刚从华盛顿回到洛杉矶家中，便得悉美国海关把自己已经打包托运的8个大木箱的行李全部扣留，说是里面有

1950 年 9 月，钱学森托运的 8 箱行李被美国海关查扣

蒋英在拘留所外面焦急地打探丈夫的消息

机密文件、电报密码、武器图纸等。很快，移民局的两位官员来到钱学森家，以“涉嫌携带机密文件出国罪”，不容分说就把一身便装的钱学森带走了。移民局把他拘禁在距洛杉矶几十千米外的一座小岛上。小岛叫特米那岛，岛上有一个移民局的拘留所，那里拘留的全是非法移民，其中大多数是刚偷渡入境就被捕的墨西哥人，他们被集中关押在有着一排排窄小床铺的大房间里。

钱学森被关进了单人间，看守人员把他当作囚犯，不许他和任何人谈话，对外的一切联系都被掐断，每天晚上每隔 15 分钟便跑来打开一次电灯，看看他在做什么，是否企图自杀，这使得钱学森根本无法休息。透过加了铁栏杆的窗户，钱学森只能凭借洛杉矶夜晚隐隐约约的灯光，证明自己还活在人间。

钱学森在岛上的拘留所被囚禁了 13 天，体重减了 30 磅（约 13.6 千克），他甚至被折磨得连话都说不出来了。

后来，他的导师冯·卡门出面，加州理工学院花重金将钱学森保释出来。但钱学森回到家里仍受到软禁、监视，他不能离开洛杉矶，要随时接受传讯，每月必须去移民局报到，完全失去了人身自由。

这样受煎熬的日子整整过了 5 年。其间，美国政府不许钱学森参与任何有关军用的科研项目，他只能在学校里教书。

1955 年 5 月的一天，钱学森偶然看到画报上登载的一幅照片——中国在庆祝五一劳动节，领导人在天安门城楼上检阅游行队伍。他欣喜地发现，天安门城楼上竟然有他父亲的老师陈叔通副委员长。钱学森迅速写了一封给太老师的求救信，告知对方自己目前的境遇，请求中国政府帮助他一家返回祖国。这封信写好后，钱学森的夫人蒋英巧

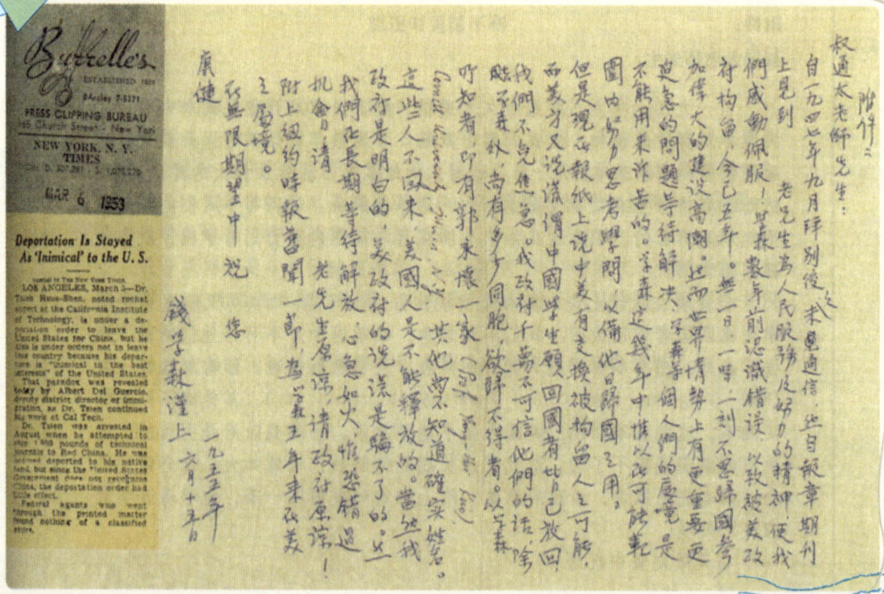

钱学森给陈叔通的信

叔通太老师先生：

自 1947 年 9 月拜别后久未通信，已自报章期刊上见到老先生为人民服务及努力的精神，使我们感动佩服！学森数年前认识错误，以致被美政府拘留，今已 5 年，无一日、一时、一刻不思归国参加伟大的建设高潮。然而世界情势上有更重要、更迫急的问题等待解决，学森等个人们的处境是不能用来诉苦的。学森这几年中唯以在可能范围内努力思考学问，以备他日归国之用。但是现在报纸上说中美有交换被拘留人之可能，而美方又说谎谓中国学生愿回国者皆已放回，我们不免焦急。我政府千万不可信他们的话。除去学森外，尚有多少同胞，欲归不得者。以学森所知者，即有郭永怀一家，其他尚不知道确实姓名。这些人不回来，美国人是不能释放的。当然我政府是明白的，美政府的说谎是骗不了的。然我们在长期等待解放，心急如火，唯恐错过机会，请老先生原谅，请政府原谅！附上《纽约时报》旧闻一节，为学森 5 年来在美之处境。

在无限期望中

祝您康健

钱学森谨上

1955 年 6 月 15 日

妙地避开特务的盯梢，来到一家黑人开的小超市里面的咖啡厅，将信投进厅门口的邮筒里。信先寄到位于比利时的蒋英妹妹蒋华家，再由她转寄回国。

钱学森一家启程回国时，在“克利夫兰总统号”邮轮的甲板上留影

这封信通过陈叔通辗转送达中央领导手里。中央领导指示在日内瓦参加中美大使级谈判的中方大使出示钱学森写的回国求助信，驳斥了美方关于其本人不愿回国的谎言，终于迫使美国当局批准钱学森回国。

1955 年 9 月 17 日，钱学森偕夫人蒋英及一双儿女从洛杉矶登上“克利夫兰总统号”邮轮启程。在洛杉矶港口回答记者提问时，钱学森十分从容地说：“我非常高兴能回到自己的国家，我不打算再回美国。我已经被美国当局刻意地延误了回祖国的时间，其中原因，我建议去问问你们的政府。我打算竭尽努力，去和中国人民一起建设自己的国家，使我的同胞能够过上有尊严的幸福生活。”他说到“尊严”一词时加重了语气，这其中蕴含的内心的苦楚和企盼是常人难以体会的。

1955 年 10 月 8 日，历尽艰难险阻，钱学森终于回到了祖国的怀抱。

S.S. PRES CLEVELA
SAN FRANCISCO

1955 年 10 月 8 日，

历尽艰难险阻，钱学森一家终于回到了祖国的怀抱。

10 带领中国人造导弹

1956 年 10 月，位于北京西部（现航天桥附近）的北京空军 466 医院被命令在最短的时间内搬走，一群神秘的人紧接着进驻了这所还弥漫着强烈消毒药水味道的医院大楼。

10 月 8 日，我国第一个导弹研究机构——国防部第五研究院（简称国防部五院）成立大会悄然在这里举行。此时正值钱学森返回祖国一周年。

1955 年 10 月 28 日钱学森（左）回到北京，中国科学院领导到北京火车站迎接

链接

国防部第五研究院

中国第一个导弹研究机构，中国航天技术发端之处。1956 年 10 月 8 日成立，按部队编制。1965 年改建为第七机械工业部，归属国务院部门；1982 年改称为航天工业部，1988 年与航空工业部合并为航空航天工业部；1993 年又改制为中国航天工业总公司。1999 年 7 月分别组建中国航天科技集团公司和中国航天机电（后改为中国航天科工）集团公司，共同担负发展中国航天技术（包括各类导弹武器、运载火箭、航天器和空间科学技术应用）的任务。

国防部五院是干什么的？是造导弹的！

刚回国时钱学森担任了中国科学院力学所所长，现在他又要做一件国家交给他的惊天动地的大事——带领中国人造导弹！

其实，成立国防部五院正是钱学森的建议。1956 年春节前，钱学森应邀出席全国政协会议，并被增补为政协委员。会后他接受了中央领导给他布置的一项作业——请他起草一份建议书。

1956 年 2 月 17 日大年初六，钱学森圆满完成并上交了作业——《建立我国国防航空工业意见书》。为了保密，钱学森用“国防航空工业”代替了“火箭导弹”一词。

钱学森的这份意见书全文大约 3000 字，阐述了 3 层意思。一是我国航空工业的组织体系，首先要有一个统一的领导机构，其次

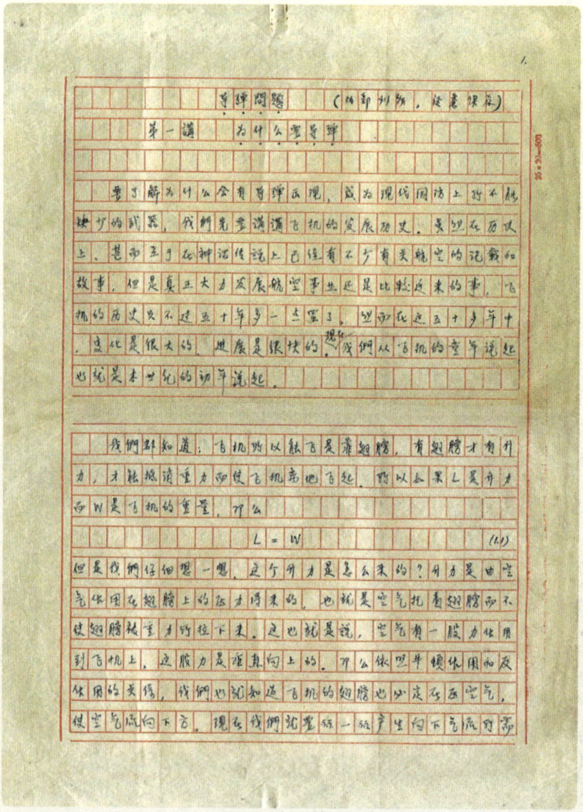
导弹问题　　（内部刊物，注意保存）

第一讲　为什么要导弹

要了解为什么会有导弹出现，成为现代国防上必不能缺少的武器，我们先要讲讲飞机的发展历史。虽然在历史上、甚而至于在神话传说上已经有不少有关航空的记载和故事，但是真正大力发展航空事业还是比较近来的事。飞机的历史只不过五十年多一点罢了，然而在这五十多年中，变化是很大的，进展是很快的。现在我们从飞机的童年说起，也就是本世纪的初年说起。

我们都知道：飞机所以能飞是靠翅膀，有翅膀才有升力，才能抵消重力而使飞机离地飞起。所以如果L是升力而W是飞机的重量，那么

$$L = W \quad (1.1)$$

但是我们仔细想一想，这个升力是怎么来的？升力是由空气作用在翅膀上的压力得来的，也就是空气托着翅膀而不使翅膀被重力所拉下来。这也就是说，空气有一股力作用到飞机上，这股力是垂直向上的。那么依照牛顿作用和反作用的关系，我们也就知道飞机的翅膀也必定在压空气，使空气流向下方。现在我们就要谈一谈产生向下气流的高

钱学森撰写的《导弹概论》手稿

必须有一个以设计为主的研究试验单位和一个基础研究单位，再次要建设制造工厂。二是开列了最急需的空气动力学、航空结构、发动机、控制等领域的21位国内著名专家的名单，示意这些人可以成为研制导弹的高级骨干，然后再逐渐扩大培养队伍。三是关于发展计划和具体步骤，比如组织代表团访问苏联，争取苏联的援助；选派优秀毕业生去苏联学习；逐年扩大中国科学院有关航空的研究工作；10年后，从事导弹研制工作的人员应达到设计院技术人员5700人、工厂技术人员2400人。

仅仅 8 个月后，国家就落实了钱学森的建议，并且委任钱学森来组建共和国的第一个导弹研究机构，由他担任研究院院长。

1960 年夏天，国防部五院接收了一批又一批优秀学生，他们大多是全国各地名牌大学的应届毕业生，各个专业的都有，并且经过了严格的审查和挑选。但是令钱学森意外的是，前来报到的大学生和几十名教授专家，竟然没有人见过导弹，甚至绝大多数人不知导弹为何物。

带领这么一批毫无导弹知识的人员，怎么使他们很快进入即将从事的研究、设计、试验领域呢？钱学森只好亲自走上三尺讲台“扫盲”，世界级的大科学家当起了导弹扫盲班班长。他用亲笔撰写的中国第一本导弹教材——《导弹概论》，向进入国防部五院的人员多次系统地讲授导弹是什么。

好在讲课正是钱学森的老本行，他说：“过去我为美国喷气技术训练班的学生讲了近 10 年课，那是培养它们的人才，现在培养的是祖国自己的人才。我现在所做的工作就是希望能重振中华民族的国威、军威。”其实钱学森在 1955 年 10 月回国后不久，就开始讲课：1955 年 11 月 25 日下午，为哈军工的教授做学术报告；1956 年元旦之后，在总政排演场为校官以上部队领导干部讲火箭、导弹知识；1956 年春，在北京航空学院做报告，介绍当时美苏等国空气动力学的发展情况，讲解火箭、导弹发展现状；等等。

1960 年，随着国防部五院充实了一大批新生力量，钱学森又开始了新一轮的讲课。

钱学森撰写的《导弹概论》共分 4 讲：为什么要搞导弹、推进系统、空气动力和结构、制导问题。他的课讲得既深入浅出，又逻辑严谨；既有宏观的描述，又有微观的介绍；既有自己推导的公式，又有亲自绘制的图表。钱学森借着讲飞机为什么能飞，介绍空中飞行器最基本的原理，并从二战时德国的 V–2 火箭炸伦敦讲起，把火箭、导弹的基本概念讲得很清楚，同时也使大家明白，一个国家有导弹和没有导弹大不一样，国防实力是要靠高科技支撑的。

由于国防部五院没有大教室，当年钱学森讲大课时，曾借用过附近中央团校的小礼堂。学员们还记得钱学森给大家讲课时的情景：上穿蓝布棉袄，下穿蓝布大棉裤，脚踩棉鞋，头上戴着一顶可以把帽耳朵放下的那种解放初期的棉帽子。钱学森以严密的思维逻辑，将复杂的知识深入浅出地传授给学员。大家认真地听着，生怕漏了一句话；认真地看着，生怕记不住黑板上的公式、挂图。听他的课是学习，更是一种享受。从弹道式导弹到飞航式导弹，从总体设计到分系统布局，他循循善诱，画龙点睛，其间还穿插提问，活跃课堂气氛。

钱学森不仅自己带头讲课，还请其他相关专业的教授一齐上阵，参加“导弹扫盲”：他请梁守槃讲授“火箭发动机”，庄逢甘讲授“空气动力学”，史超礼讲授“航空概论”，朱正讲授“制导理论”……钱学森还亲自拟定空气动力学、发动机、弹体结构、自动控制、电子线路、计算机等有关专业的学习计划。在仿制苏联导弹时，他还举办导弹技术训练班，边讲课，边结合具体工作，组织大家展开讨论，边学边干。

1960 年，是国防部五院大发展的一年。在钱学森的号召下，国

钱学森给中国科学技术大学的学生讲课

防部五院开展了大规模的技术学习活动。当时国防部五院没有一个能容纳千人以上的会议场所，只能借用地处北京市永定路的中国人民解放军政治学院（现中国人民解放军国防大学）礼堂，每场报告会可容纳 2000 人左右。钱学森讲第一课，后边由各领域的专家或在某一领域卓有成就的技术骨干分别主讲。

讲完“导弹概论”以后，钱学森又于 1961 年 9 月至 1962 年 1 月为中国科学技术大学力学系 58 级、59 级学生开设并亲自主讲了“火箭技术概论”一课。当时授课的讲义也是钱学森亲笔撰写的，后经助教雷见辉、喻显果协助整理，于 1963 年 2 月正式出版，名为《星际航行概论》。

从 1956 年至 1961 年，钱学森在百忙之中利用各种场合讲授“导弹概论”“星际航行概论”等课达上百次之多，在这期间来到国防部五院工作的科技人员和中国科学技术大学力学系的学生，绝大多数都听过他的课。

《导弹概论》和《星际航行概论》两部著作在中国航天的起步阶段起到了十分重要的引路作用。可以说，没有钱学森的启蒙，没有首批骨干和成千上万后来者的连续奋斗，就不可能有我国成功研制的第一枚导弹、第一枚导弹核武器和第一颗人造卫星的发射，也不可能铸就今日中国航天事业的辉煌。

从钱学森的导弹、火箭扫盲班里还走出了一大批中国航天事业的业务骨干，很多人日后成为各种导弹、火箭、卫星、飞船的总设计师和总指挥，成为中国科学院院士或中国工程院院士。

钱学森 1956 年写作的《导弹概论》于 50 年后的 2006 年正式出版，此为图书封面

2006 年 11 月，中国宇航出版社把有 95 岁高龄的钱老亲笔签名的书，捐赠给国家博物馆收藏，左起依次为出版社领导石磊、钱老之子钱永刚、国博藏品二部主任朱珠、国博藏品部工作人员

11 三年造出“争气弹”

20 世纪 60 年代初，是所有经历了那个年代的中国人都难以忘怀的岁月。

苏联单方面中途撤销援助，导致国防科技发展遇到了极大的困难。有些人还幸灾乐祸地嘲讽说：“中国现在过的是‘大锅清水汤，三个人穿一条裤子’的生活，还想造导弹？做梦吧！造几个大鸭蛋我看还行。”

1957 年，曾经得到过苏联援助的国防部五院，此时正面临着苏联单方面撕毁协定、撤走专家、终止图纸和设备供应的紧张局面，正在仿制中的“1059”导弹濒临夭折。

面对如此严峻的形势，中央领导明确表示：靠别人是靠不住的，党中央寄希望于我们自己的专家！

钱学森坚定地表达了自己的意见：下定决心，不惧万难，自力更生造出中国的导弹！他说：“中国科技人员是了不起的。我们不仅有聪明智慧，我们还能够艰苦奋斗。只要国家给了任务，大家便会夜以继日、废寝忘食地去干，甚至为此损害健康，直到牺牲，也不泄气。有了这种精神，我们就不怕落后，不怕困难多。我们一定

链接 “1059”导弹

原名叫P–2导弹，是1957年苏联援助我国的一种地地导弹。它全长为17.7米，最大直径为1.65米，射程为550～600千米。它是苏联于第二次世界大战时期在德国V–2火箭基础上进行改进设计的，射程比V–2火箭提高了一倍。按计划它应于1959年在新中国成立10周年之际仿制成功，所以它的仿制代号就叫“1059”。但由于苏联突然中止了援助，使得“1059”导弹未能按计划发射。

仿制成功后的“1059”导弹于1964年被命名为“东风一号”导弹。

要赶上去，我们能够赶上去！”

在那些日子里，他憋着一股气，亲力亲为，主持着导弹的仿制工作。每到星期天下午，他就把国防部五院的几位专家请到自己家里，讨论重大技术问题的处理意见。如果大家意见一致，他就立即决策；如果意见不一致，若不是急办的事情就留至下次再讨论，若是急办的，他就综合大家意见先提出解决方案，大家分头实施；在实践中碰到行不通的地方，他就召集大家再深入研究。

在仿制中对于苏联专家规定的“清规戒律”，钱学森对技术人员说：“对他们的经验，我们应当灵活地学习，而不是死板地学习，这是从仿制转入自行设计的正确途径。”

按照钱学森的指示，技术人员勇于创新，勇敢地走自己的路。

比如，在制作导弹发动机上一种活门的密封垫圈时，按苏联图纸规定，材料只能用没有鞭伤的 3 岁公牛臀部的牛皮制作。但中国农村当时是家庭养牛，谁也说不清哪头牛挨过鞭打。设计人员在吃透技术文件的基础上，结合中国的国情，经过反复试验后，合理地制定了新的技术标准，既解决了材料的来源问题，又满足了发动机工作的要求。

再如，导弹部段生产出来后必须进行结构静力试验，以检验弹体结构的强度。然而，试验所需的专用试验室尚在建设中。导弹总体部主任屠守锷决定因陋就简，利用附近一个旧飞机库土法上马改建。苏联专家曾不屑一顾地甩下一句话：“高度不够，做不了。”屠守锷不信邪，带领技术人员用挖地坑的办法，解决了飞机库高度不够的问题，又利用从飞机上拆下的旧部件和自制的承力地轨，完成对旧飞机库的改造，做好了试验的全部准备工作。

苏联专家曾经坚决不同意导弹使用中国生产的推进剂，说“杂质太多不合格”，非要中国从苏联订货，而等到中方订货后苏联又故意刁难，迟迟不发货。当中国设计师发现国产导弹推进剂质量完全合格，苏联专家的结论完全是计算错误时，钱学森经过复核，果断支持使用国产推进剂，大大推进了仿制进程。

有了钱学森这样的主帅，大家群策群力，攻克了一道又一道难关。苏联提供的图纸资料不全，尤其是地面设备和整机资料严重不足，科技人员就“照葫芦画瓢”，自己配套；仿制用的很多原材料短缺，元器件品种规格不全，钱学森亲自上阵向全国各地求援；缺少生产设备和试验设施，科技人员和工人师傅土法上马，改装原有旧设备；工厂技术、管理力量薄弱，钱学森组织科技人员下工厂与工人师傅一起制定制造工艺，改进设计，提高质量。

苏联专家撤走后，深陷困境的仿制工作在钱学森的安排下很快就变得井然有序起来。1960 年 11 月 5 日，第一枚“1059”导弹终于仿制成功。清晨，太阳从天边的霞光中跃出了地平线，“1059”导弹高高耸立在发射架上，披着一层阳光编织的金衣。大漠在寂静中等待着，等待着那声属于全中国人民的历史性号令。

酒泉导弹试验基地，气温下降到了零下 20 摄氏度，但是钱学森和所有参加试验的人们一样，胸中涌动着沸腾的血液。作为“1059”导弹首次飞行试验的技术负责人，钱学森在试验基地组织实施了这次发射试验。

时针指向 9 时，随着一声“发射”口令，轰然一声巨响，大地颤抖，烈焰喷发。导弹起飞几秒钟后按飞行程序转弯，逐渐加速，最后变成了一个小亮点，向正西方向飞去。7 分钟后，弹头落在距发射台 550 千米的目标区。

消息一传来，军帽、毛巾、手绢纷纷被抛向天空，现场一片欢腾，掌声、欢呼声连成一片。现场指挥张爱萍将军情不自禁地跳起来，热烈拥抱了钱学森。

这一天，是苏联专家撤走后的第八十三天。

从 1957 年 12 月苏式 P–2 导弹运抵中国，到 1960 年 11 月 5 日“1059”导弹仿制并发射成功，钱学森带领的航天大军只用了短短

钱学森和大家讨论攻关难题

群策群力，刻苦攻关

钱学森曾经充满感情地回忆："有些事情说起来外国人都不敢相信。我们搞火箭发动机，开始是在一个简陋的工棚里干的。许多部件的加工需要精密机床，我们没有，怎么办？只好调来一些手艺高的老工人师傅，那些奇形怪状的部件，都是靠这些钳工师傅们用手工一点一点抠出来的。"

"1059"导弹进入发射场测试厂房

"1059"导弹准备发射

矗立在中国人民革命军事博物馆的“东风一号”导弹

3 年的时间，比起原先预计在无外援的情况下仿制一枚导弹大约需要的 5 年时间，整整提前了 2 年！他们创造了奇迹！

发射成功的当天，负责国防工业的领导人动情地说：“今天，在祖国的地平线上，飞起了我国自己制造的第一枚导弹，这是我国军事装备史上一个重要的转折点。”后来这种导弹被正式命名为“东风一号”，但大家习惯称它为“争气弹”。

此时正值钱学森回国 5 周年。

12 他“失踪”了

1962年3月，江南的油菜花早已金灿灿地铺满了田野，可大漠的春天来得格外晚，大风刮起还是冰凉刺骨。我国自主研制的第一枚“东风二号”导弹，此时正在酒泉导弹试验基地整装待发。

早在1960年“1059”导弹仿制成功后，国防部五院就在钱学森的建议下决定研制射程比“1059”导弹提高一倍、具有实战价值的“东风二号”中近程导弹。

自主研制，谈何容易。钱学森说：“仿制和自行设计是截然不同的。仿制时主要问题人家已经给你解决了，你就是按规矩办事；

链接 “东风二号”导弹

我国自行研制的中近程地地导弹。导弹全长20.9米，最大直径1.65米，射程为1200千米。它在“1059”导弹的基础上改制而成，增加了发动机推力，射程比“1059”导弹增加了一倍。

“东风二号”
导弹发射前

自行设计就不同了，出现的技术问题多，而且各有各的说法，每一个问题都需要自己来解决。”

“东风二号”导弹以“充分利用仿制‘1059’导弹的成果，射程爬高”为研制指导思想。要增加射程，就要相应提高发动机的推力，减轻弹体结构的重量。尽管只是“爬高”，研制中还是困难重重。

在仿制“1059”导弹时，苏联援助的一部分技术文件，绝大多数是生产图纸、工艺规程和验收文件，有关设计方面的资料几乎是空白。当时，参加“东风二号”导弹研制的工程技术人员，绝大多数是刚出校门的大中专毕业生，在学校里从未接触过导弹设计方面的知识，虽有几位搞过工程设计的老专家带路，但他们搞导弹设计也都是平生第一次。

1962年，“东风二号”导弹发射69秒后落地爆炸，钱学森（前排左四）在“东风二号”导弹发射失败后，赶赴导弹试验基地指导工作

面对这些困难，他们毫不气馁，怀着“为祖国争光，为民族争气”的强烈责任感，以初生牛犊不怕虎的劲头开始了刻苦攻关。大家勤奋学习，从书本、资料上学，在实际工作中学。设计、工艺、试验和生产紧密结合，互相切磋，攻坚克难，利用一切可以利用的条件和设备，终于在1960年底，完成了导弹的全部设计。

到了发射阵地，虽然大家嘴上说信心很足，但是心里都不太有底，毕竟是自行设计的第一枚导弹。

导弹起竖后，一阵大风吹来，导弹下面的燃气舵开始不停地抖动，现场的设计人员不知道是什么原因，只好打电话到北京联系技术人员做模拟试验。1962 年 3 月 21 日，随着“东风二号”导弹点火口令的下达，所有人的心都揪紧了。

没想到，点火后原本应当直飞冲天的导弹，刚刚飞离发射架，就像个醉汉一样，歪歪扭扭、摇摇晃晃，头顶上还冒着白烟。69 秒后，导弹一个倒栽葱垂直坠毁在距离发射架 300 米的地方。由于导弹里面装了 20 多吨推进剂，落地爆炸时腾起了 100 多米高的蘑菇云，地面被砸出了一个深 4 米、直径 22 米的大坑。

面对失败，大家非常沮丧，发射阵地上的空气“凝固”了，人们的情绪降到了冰点。

“东风二号”导弹悲壮的首次发射后，钱学森“失踪”了。

在中国科学院力学研究所，大家几乎看不到所长钱学森的身影；在家里，夫人蒋英和孩子们也发现，钱学森像人间蒸发似的“消失”了。1960 年 10 月，他的家从中关村搬到了国防部五院机关大院里，他的工作重点也从力学研究转移到了导弹技术的研究。

在那一段时间里，钱学森三天两头出差。他在酒泉导弹试验基地一工作就是十天半月，甚至一个月。他的行踪严格保密，就连蒋英也不知道。有一回，蒋英一个多月都没有丈夫的音信，就找到国防部五院询问：“钱学森干什么去了，这么长时间杳无声息？”国防部五院连忙向她解释：“钱院长在外地出差，平安无恙，只是工作太忙，暂时还回不来，请您放心。”

蒋英回忆说：“那时候，他什么都不对我讲。我问他在干什么？不说。我问他到哪儿去？不说。去多久？也不说。我从来不知道他在做什么事。他从外边回来，穿着大靴子、大皮袄，哦，我知道他是到大西北去了……”

钱学森在干什么呢？他在全力以赴解决“东风二号”导弹存在的问题。

钱学森首先查看了导弹坠落现场，并组织人员收集残骸，与此同时，各个分系统的负责人纷纷组织成立了故障分析小组，并在钱学森的统一指导下进行故障分析和故障复现试验工作。

钱学森在事故现场工作了10天，看见大家垂头丧气的样子，他顶着巨大的心理压力仍然镇定地鼓励大家：

“同志们，不就是摔下来一个‘东风二号’吗？今天它掉下来了，明天我们就把它射上去，没有什么了不起的。当年，我在美国的时候，写一篇很重要的论文，写成的只有几页，可是我写的底稿，却装满了一个柜子。到底失败了多少次，我自己都数不清了。如果失败了就哭鼻子、闹情绪，恐怕就没有后来的成功了。

“科学试验嘛，如果每一次都保证成功，又何必试验呢？那就制造出来拿去用好了。我说，我们不要怕失败。取得成功，对我们是锻炼；遭受失败，同样使我们得到锻炼，而这种锻炼则更重要，更为宝贵。”

回京后又历时3个多月，钱学森不知组织了多少次大大小小的故障分析、导弹残骸测定、遥测数据判读，仅1962年五六月间，他

钱学森 1964 年在酒泉导弹试验基地

就先后召开了 4 次分析会和 5 次技术专题报告会。经过多次试验和反复论证，故障原因终于查明：一是总体方案设计中，没有将弹体作为弹性体来考虑，使导弹飞行失控；二是发动机强度不够，结构破坏起火。为此，研制人员写出的技术总结报告就有 67 页之多。

找出原因之后，在钱学森的主持下，技术人员修改了导弹的设计。钱学森是技术总负责人，他一会儿参加修改设计的讨论，一会儿组织大型地面试验设施的建设；今天还在北京研究如何建立技术责任制，明天就飞到了千里之外的导弹发射试验现场。他只恨自己分身无术，不能把一分钟掰成两分钟过。

通过失败，钱学森总结出两条重要的经验：第一，考虑问题一定要从“系统”出发，顾及导弹各系统间的匹配和协调；第二，把一切事故消灭在地面，决不让导弹带着疑点上天。经过两年的拼搏努力，大家完成了4类17项地面试验，仅发动机试验就多达105次，解决了弹体结构、发动机强度、控制系统振动、各系统协调等多方面多头绪的技术问题。

1964年5月4日这一天，钱学森与同事们一起向国防科委领导详细汇报了改进型“东风二号”导弹的研制情况。他在汇报中反思道：

“这次失败暴露出来的问题是多方面的。

“在工程技术方面，还没有掌握自行设计的规律，对导弹工程系统的复杂性认识不足，在总体和分系统综合设计上、各分系统之间的技术协调和接口匹配上考虑不周，没有意识到即使每个局部都符合要求，集成后仍有可能出问题；有些必要的地面试验没有做，或做得不够充分；对产品质量检查缺乏科学的标准。

“在科研管理方面，没有建立技术责任制，缺乏严格的研制程序和工作制度。

“在思想作风方面，急于求成，缺乏科学态度，对基础工作特别是地面试验重视不够，对可能遇到的问题和困难估计不足，对产品存在的缺陷和隐患没有采取有力措施坚决加以消除。”

这份报告的内容远远超出了技术故障的分析，其中提到的许多管理理念成为我国航天系统工程管理的宝贵经验。根据他的建议，国防部五院建立了一整套科学、有效的航天系统工程管理体系。至今仍然行之有效的两条指挥线、总体设计部、型号调度、地面试验、科学技术委员会等制度，都是那个时代的结晶。航天人在“东风二号”导弹上的集体经历，奠定了钱学森航天系统工程思想的实践基础和理论基础。那个时代总结出来的各项规章制度，成为指导我国导弹、火箭、卫星研制的重要工作准则。

1964 年 6 月 29 日，在戈壁滩如火的骄阳下，航天人盼望已久的胜利终于降临，“东风二号”导弹试射成功，准确命中目标。7 月至 10 月，又连续发射 7 次，次次报捷。国产中近程地地导弹诞生了！

钱学森说：“我们在仿制中仅仅做到了依照葫芦画好瓢，但是知其然不等于知其所以然。虽然因失败支付了一笔学费，但我们也悟出了从仿制中难以悟出来的道理，有时候失败的教训比成功的经验更为重要。”

钱学森这一时期的“失踪”，带来的是我国导弹研制者的集体悟道，这一时期也成为我国导弹从仿制走向自主研制的历史性拐点。

13 十年两弹成

1964年10月初的一个清晨，远在青海的原子弹研制基地已经满地铺银，一夜霜降把红瓦的房顶和枯黄的草坪统统染成了白色。一趟专用列车悄悄启动，秘密开往新疆马兰核试验基地。列车里面有一位贵宾，名叫“邱小姐”。

它是我国研制的原子弹的代号，之所以姓“邱”，是因为原子弹是球形的，球的谐音是“邱”。

1964年10月16日15时，中国第一颗原子弹在罗布泊的一座百米高塔上爆发出惊天动地的巨响，蘑菇云拔地而起，爆炸威力达2万吨TNT（三硝基甲苯）当量以上。

美国人根本不相信中国人的能力，虽然他们不得不承认中国的第一颗原子弹比美国投到日本的那颗设计得更加完善、威力更大，但是美国国防部部长麦克纳马拉仍以十拿九稳的口气预言：“5年内中国不会有原子弹的运载工具，没有足够射程的导弹，原子弹无从发挥作用。”有的媒体应声嘲笑中国“有弹没枪，一通瞎忙”。他们的说法不是没有道理——在现代化战争中，飞机很难作为运载核武器的有效工具，如果没有导弹作为运载工具，核弹将形同虚设。

事实上钱学森早就意识到，导弹没有核装置，就形成不了更大的杀伤破坏能力；同样，核装置没有导弹相辅，对远距离的目标也不具有威慑力。两者缺一不可。令美国人没有想到的是，在钱学森的带领下，我国“东风二号”中近程导弹在第一颗原子弹爆炸之前3个月就已发射成功，为研制原子弹的运载工具奠定了基础。1964年9月1日，中央专委决定由负责研制原子弹的第二机械工业部和负责研制导弹的国防部五院共同组织“两弹结合”方案的论证小组，着手进行核导弹的研究设计，钱学森担任总负责人。

中国第一颗原子弹爆炸

两弹结合，就好比“邱小姐”选夫结婚，钱学森这个主婚人对新娘和新郎可不客气，他给这对新人提出了苛刻的要求：原子弹必须瘦身、小型化；导弹必须加大运载能力、提高制导精度、增强安全可靠性。

“邱小姐”的新郎官是“东风二号甲”导弹。它在“东风二号”导弹的基础上进行了设计修改，发动机的推力由40.5吨提升到45.5吨，射程从1200千米提高到1500千米，控制系统改为全惯性制导，提高了导弹的作战性能。

钱学森严字当头，对“两弹结合”的每一个细节都提出了严格的要求。

“两弹结合”试验

“东风二号甲”导弹进行了一系列地面测试之后，首先要在没有核弹头的情况下进行发射，这叫“冷试验”。钱学森两度飞往酒泉试验基地，亲自对进行“冷试验”的导弹仔细检查。他强调，所有元件、部件都要严格检查，不可有任何的疏忽，因为哪怕是一根没有焊好的电线、一个不合格的元件、一块多余物，都可能造成严重的事故。

有一次，工作人员组装导弹时发现少了一颗小螺钉。当时有人主张把装好的导弹全部拆开查找，有人认为好不容易才组装起来，为一颗小螺钉折腾不值得，也许它掉在地上了，根本没有落在导弹内。但是在钱学森的严格要求下，总装车间全体人员停下手中的工作，纷纷寻找这颗丢失的螺钉，直到在车间的轨道缝里把这颗螺钉找到。

还有一次，酒泉试验基地的一位新战士，得到了钱学森的表彰。这位新战士发现弹体内有一根大约5毫米长的小白毛，担心因此造成电路接触不良，就用镊子夹、用细铁丝挑，但都未能取出小白毛。最后，他找来一根猪鬃，终于挑出了小白毛。钱学森把这根小白毛小心翼翼包起来，带回北京告诫大家：科学就是科学，来不得半点儿虚假和马虎，希望从事“两弹结合”的科研人员都学习那位新战士的严谨作风。

两次“冷试验”都获得成功，下一步就是“两弹结合”的“热试验”——“邱小姐”要装在“东风二号甲”导弹上发射了。发射前，钱学森反复告诫大家：“中央领导要求我们做到‘严肃认真，周到细致，稳妥可靠，万无一失’，不要‘冷’试成功了，‘热’试反而出问题。”按照预定的弹道，核导弹要从兰新铁路飞过，导弹飞行弹道必经甘肃柳园地区，那里大约有5万居民。这类试验美国和苏联都是在海上进行的，由于我们在本土大陆上进行，中央领导非常担心，一旦发生意外情况，导弹安全自毁系统会不会出问题。对此，钱学森等人汇报：“在这方面已经进行了多次模拟试验，前些日子还真刀实枪地炸了一颗，证明非常可靠。现在这枚导弹上的安全装置，也已经做了全面检测，各项参数都符合要求。”钱学森还拿出了精确的数字来说明：“导弹掉在柳园地区的概率为十万分之六，其安全性比乘坐荷兰皇家航空公司的飞机到非洲访问还高呢。”

2 音频科普

“两弹一星”中的“两弹”，指的是哪“两弹”？

尽管采取了各种安全措施，但为了以防万一，还是要对柳园地区的居民、单位进行临时疏散。有一家单位死活不肯撤离，钱学森就亲自出马去做说服工作。他对单位领导和群众说：“我们要进行的这次试验很重要，也很危险。我们是解放军部队，做事不怕一万，就怕万一。我今天告诉大家的是，现在不是十万分之一，而是十万分之六呀，你们说，该不该考虑疏散呢？”这个单位的人一看钱学森是个大科学家，讲的又是实实在在的话，很是信服，于是很快就按政府的要求疏散了。

1966 年 10 月 27 日 9 时，“东风二号甲”导弹载着核弹头点火升空，9 分 14 秒后核弹头在距发射场 894 千米之外的罗布泊弹着区靶心上空 569 米的高度爆炸。两弹结合，非常成功。从此，中国不仅有了弹，而且有了一支可远距离攻击的“枪”，“枪”以此发轫，最终能射向全球任何角落。

发射现场，笑语欢声，大家奔上山坡一起欢庆胜利！戈壁滩上，竖起了一面五星红旗，穿着厚厚冬装笑逐颜开的钱学森、谢光选、梁思礼等一大群“邱小姐”的主婚人、证婚人站在一起，定格在一张难忘的照片里。

这一年，正是钱学森带领中国人搞导弹的第十年。

在“两弹结合”试验成功后，
参加试验的人员合影

1966 年 10 月，“两弹结合”试验成功。

这一年，正是钱学森带领中国人搞导弹的第十年。

14 慧眼识英才

夏天的戈壁滩，烈日炎炎，骄阳似火，“东风二号”导弹试验正在紧锣密鼓地进行着，这是中近程导弹“东风二号”首发失败后的第一次飞行试验。钱学森顶着烈日，不断查看测试现场。突然，他接到报告：高温导致推进剂膨化，导弹有可能达不到预定的射程，但导弹落区的测量网点已经布置就绪，如果导弹达不到原定射程，落区就什么数据都测不到，这次的试验就白做了。怎么办？这一突如其来的情况谁也没预想到。

钱学森和大家都在冥思苦想地找办法。增加射程通常的做法是增加推进剂，但是此时贮箱已满，推进剂再也加不进去了。大家正束手无策时，一位年轻的设计师王永志根据总体部的有关研究报告提出了一个截然相反的方案，他说应当考虑减少推进剂。

王永志后来回忆说：“炎热的天气对推进剂密度有影响，经过分析计算，我提出了一个解决方案——从导弹体内泄出600公斤（600千克）酒精，调整推进剂混合比，减少了推进剂的‘死重’，就可以提高射程。在会上我提出了这个设想，但在场的专家们都觉得这个方案不可行，未予采纳。我不甘心，鼓起勇气直接找到钱学森院

年轻的王永志

长汇报。”

使王永志大为惊奇的是，这位大科学家一点儿也没有小看他这个在试验队伍中军衔较低（中尉）的设计师。钱学森听得很认真仔细，对他的计算方法不时提出问题，让他讲清楚，并自己做了粗略的估算。当听完王永志的汇报以后，钱学森立即叫来“东风二号”导弹总设计师，说：“那个年轻人的想法有科学根据，就按他的意见办。”

1964年6月29日，泄出部分推进剂的导弹果然达到了原定射程，连发3枚，都进入了预定目标区。

时隔近30年，1992年中央决策载人飞船工程立项以后，急需确定工程技术领军人——工程总设计师。这个人必须能按照顶层设计形成的蓝图，团结全体研制、管理人员，创造性地实施载人飞船工程。当时工程总设计师有多个人选，各有充分的理由当选，上级一时难以定夺。

中国载人航天工程首任总设计师王永志

当时国防科工委主任丁衡高去征求钱学森的意见，钱学森胸有成竹地推荐了当年那位用反向思维提出减少推进剂的方法解决难题的年轻人——王永志，由他担任中国载人航天工程总设计师。不过这时的王永志已经身经百战，他当过导弹总体设计部主任、中国运载火箭技术研究院院长、航空航天部科技委副主任。王永志果然不负众望，带领载人航天七大系统的工程技术人员，圆满实现了中国人的飞天梦想。

无独有偶，钱学森还举荐过一位贤人，他叫孙家栋。

1968 年 2 月 20 日，中国空间技术研究院成立。研究院的任务是统筹全国的力量进军宇宙空间，并准备发射中国第一颗人造卫星。

孙家栋在卫星测试厂房中工作

时任七机部副部长的钱学森兼任院长。

中国空间技术研究院成立前，中国科学院对第一颗人造卫星的研制已做了大量工作，但要把卫星发射升空，需要的是包括卫星、火箭、发射、测控在内的庞大而复杂的系统，要用两年多时间把卫星送上天，无疑是一个艰巨的任务。

对钱学森来说，压力巨大。他首先考虑的是要尽快建立卫星总体设计部，加速卫星工程的实施。

总体设计部作为重大工程研制项目的参谋部，是钱学森系统工程思想的核心内容。他在创建中国空间技术研究院的过程中，特别强调运用系统工程的方法和借鉴国防部五院建立总体设计部的经验，组建了“空间飞行器总体设计部”。钱学森直接指导组建工作，确定总体设计部的主要职责、组建方案和主要干部人选。

钱学森提出，总体设计部的人知识面要广，既要懂工程上的问题，又要有比较广博的科技知识。组建时还要注意两个方面：一方面是科学院来的技术干部，比较注重理论研究；另一方面是从七机部来的技术干部，工程经验比较丰富。在总体设计部的构成中，理论研究与工程经验两种力量的搭配比例为三七开。

谁能担任卫星总体设计部的领导呢？钱学森经过深思熟虑，挑选了年仅 38 岁的导弹总体设计部副主任——孙家栋。

那是 1967 年 7 月 29 日的午后，钱学森派参谋汪永肃直接找到孙家栋谈了上级的安排，谈完后当即就用吉普车拉着孙家栋从北京南苑来到位于北京西郊的友谊宾馆，这里是筹备中国空间技术研究院的临时办公地点。当天，孙家栋的工作重心就由搞导弹转成了搞卫星。

孙家栋报到的第一天，钱学森接待了他，钱学森支持并鼓励他说："家栋，我知道你的能力。你只管集中精力大胆工作，如果有什么考虑不周的，首先是我考虑不周，责任在我不在你。如果失败了，你总结教训，我承担责任，明白吗？"这些话，让孙家栋心里感到踏实和温暖。钱学森还嘱咐孙家栋要大胆地开展工作，如果在执行中遇到阻力，有不服气、不服从的，他可以表示这是经过院长同意的！

为了尽快启动卫星总体工作，孙家栋向钱学森提出建议，以中国科学院原来参加卫星研制的人员为基础，再由中国运载火箭技术研究院推荐几个搞总体技术的人员。钱学森考虑后答复：从中国运载火箭技术研究院抽人可以，由你孙家栋提个名单后再研究确定。

经过考查和挑选，孙家栋从国家的卫星任务需要出发，考虑不同的专业类型和技术特长，最后选定了 18 人。当他把这 18 人的名

探月工程首任总设计师孙家栋

单交给钱学森后，钱学森点头赞同，这份名单又很快得到了上级的批准。意想不到的是，这些人员的素质和能力，无可争议地得到了群众的认同。当他们离开中国运载火箭技术研究院时，大家纷纷出来热烈欢送。

孙家栋为发射我国第一颗卫星立下汗马功劳，后来他成为我国“东方红三号”通信卫星、“风云二号”气象卫星、中巴地球资源卫星等应用卫星工程的总设计师，担任北斗卫星导航系统工程的总设计师和探月工程一期的总设计师。

王永志、孙家栋都是国家最高科学技术奖获得者，早已成为我国航天技术领域的领军人物。

15 敢于担当的技术主帅

钱学森是中国航天史上的技术主帅。他不仅以深厚的知识积淀、扎实的理论功底、丰富的阅历经验和先进的管理理念引领中国航天技术道路的发展，还在许多关键难题上，发挥了别人无法替代的决定性作用。

“东风三号”导弹是我国第一个真正甩掉洋拐棍，完全自行设计研制的中程弹道导弹，在性能上比“东风二号”有了质的飞跃。1967 年 5 月，两枚“东风三号”导弹运往发射基地。其中一枚导弹进入发射程序后很不顺利，先是出现设备故障，两次中止发射，不得已把推进剂泄出；后来，又发生了意想不到的事情。

“东风三号”总体副主任设计师王觉先回忆道：“推进剂泄出后，我们上发射架去检查，发现导弹氧化剂贮箱变形严重，箱体向内瘪进去了4.55毫米，有人形象地说，导弹像糖葫芦了。”

从检查的结果看，故障比较复杂。当时基地的同志从下到上都不同意再进行发射，担心发射时推进剂泄漏，不仅会炸毁导弹，还会炸毁发射台和发射场。

试验队对故障进行了仔细的研究，认为导弹在靶场是可以修复

"东风三号"导弹起竖

"东风三号"导弹是我国自行研制的中程弹道导弹，导弹全长为20.65米，最大直径为2.25米，射程3000千米。

的。同时设计人员对该导弹两个推进剂贮箱的强度进行了计算，认为两个贮箱的结构强度尚可，不影响发射。

两部分人有了不同的看法，发射试验难以继续。中央领导亲自点将，派钱学森飞赴基地处理问题，主持发射试验。

钱学森到达基地后，立即召开联席分析会，认真听取各方面的意见，对基地提出的 20 多个有关能否发射的技术问题，比如导弹经过加注、泄出，在发射台上竖立 7 天后，导弹结构有无腐蚀，控制系统和遥测传感器有无问题等，他布置试验队认真研究、逐个回答，并提出改进措施。在钱学森的坐镇指挥下，问题一一得到了解决。

至于推进剂贮箱的强度问题，钱学森亲自爬上发射架，查看箱体外壳情况。他认为壳体的变形并未达到结构损伤的程度，导弹点火前贮箱会充气，箱体在加压情况下就会恢复原来的形状。因此，他认为发射可以照常进行。

按照当时的规定，导弹发射必须要有 3 个人的签名才能“放行”，一个是负责发射工作的作战试验部部长，一个是导弹研制部门的负责人，一个是基地司令员。可是作战试验部部长不敢贸然行事，基地司令员也很谨慎，虽然他们觉得钱学森讲得有道理，但仍担心出事，两个人都不签字。发射不能再拖下去了，钱学森在多次说服无果的情况下，毅然表示：“这枚导弹现在的质量可以放心，这个名，我来签！”

钱学森为什么能在众人认为的大故障面前，表现得如此胸有成竹呢？这是缘于他在冯・卡门领导的实验室做助研期间，对壳体的屈曲做过系统的研究，观察过壳体变形的各种试验，摸透了它的禀

钱学森与科工委领导讨论问题

性。正如谚语所说：台上十分钟，台下十年功。

当只有钱学森一人签名的发射报告呈送给远在北京的上级领导后，得到回复："这是一个技术问题。既然技术上由钱学森负责，他说可以发射，我同意。"

1967年5月26日，"东风三号"导弹点火后冉冉升起。很快，弹头落区传来好消息，弹头落点的精度非常高，测量弹头参数的装置也成功回收，获取了全部所需参数，飞行试验非常成功。

还有一个由钱学森一锤定音，确定试车台安全系数的故事，在航天人中广为流传。

导弹在进行全弹地面试车时，发动机喷气产生的强大振动对试

1966 年 12 月 26 日，第一枚中程地地导弹（“东风三号”）试验人员现场合影

车台必然会产生强烈的影响。因此在建造试车台时采用多大的安全系数，成为试车台设计的关键。安全系数过大，会浪费大量的材料和资金；安全系数过小，会发生事故，酿成大祸。

20 世纪 50 年代末，苏联曾经在我国援建了一台近程导弹发动机试车台，设计图纸上标明强度的安全系数为 4，苏联专家没有说这是什么道理。

当我国开始自行设计大型导弹试车、发射两用台时，强度的安全系数还要不要用 4 呢？设计人员找遍国外资料，但无处查找依据，外国对此是绝对保密的。因此，设计人员一时无从着手设计，大家十分焦急。

钱学森知道这件事后，告诉设计人员："安全系数到底选定哪个数值，等一等再说，其他工作先做起来。"后来大家才明白，这位世界力学大师要亲自动手分析计算，他的骨子里就是有那么一股不服输的劲儿：中国人不比外国人笨。

1967 年，在国防科委关于全弹地面试车台的会议上，钱学森发话了："关于导弹发动机工作引起试车台复杂受力的问题，同志们做了不少工作，查找了不少资料。国外一般在设计时取安全系数为 4，我计算了一下，试车台的安全系数不需要和苏联的一样大，那我们得用多少钢材啊！我看用 2.7 就可以满足要求了。"

说着，他从上衣口袋里掏出一张巴掌大的白色小纸片，向大家展示了他的计算结果，并简要地介绍了原理和计算方法。试车台研制人员徐保民正好坐在附近，他接过小纸片一看，上面列着一个计算公式，是用纯蓝墨水钢笔写的，字迹清秀，经过 3 次运算，画了

3 个等号，便得出安全系数为 2.7。钱学森的渊博知识和雄厚扎实的数学、力学功底，给与会者留下了十分深刻的印象，会上大家传看了这张不寻常的小纸片。

安全系数采用 2.7，整个工程建设节省 32.5% 的材料和资金，仅钢材就少用了几百吨。试车台建成后，经过几十次的发动机试车和导弹、火箭发射试验验证，钱学森算出的安全系数 2.7 是完全正确的。

中国航天庆幸自己拥有一位敢作敢当的技术主帅。如果没有钱学森，我国导弹、火箭和人造卫星发射的时间还会推迟很久很久，研制经费也会花费更多更多。

3 音频科普 人造卫星是怎么飞上太空的?

16 放火箭和卫星的人

1970年2月初，我国第一颗人造卫星“东方红一号”在总装厂完成了总装和测试，做好了发射前的各项准备工作。但是，就在孙家栋主持召开的卫星出厂鉴定会上，有人提出了两个问题：一是卫星地面模拟试验只做了5天，而卫星实际要在天上工作14天，怎么保证它能在天上可靠地工作14天呢？二是如果这颗卫星真的做了14天的地面模拟试验，会不会影响到卫星上天运行的寿命呢？

由于这是我国第一颗人造卫星，谁也没有经验，到底应该做多少天试验确实是两难的事情。孙家栋一时不好作答，决定暂时休会。鉴定会通不过，卫星就出不了厂，卫星发射计划就会耽误，怎么办呢？

孙家栋心急如焚，会后，他立即向钱学森做了汇报。

钱学森说，你把资料都放在这儿，两天后来拿。

两天中，钱学森把厚厚的卫星技术和测试文件仔仔细细地看了一遍，然后，在鉴定文件的封面上郑重写下了一行字：“我看，此星可以出厂。”钱学森以他特殊的专家身份和真知灼见，一语

自力更生，研制中国卫星

定乾坤。

孙家栋拿到钱学森的批示，在又一次鉴定会上宣读，大家心里终于踏实了，一一在卫星出厂鉴定书上签了名——钱学森都签了，谁还能比他更权威呢？

有了钱学森在关键时刻的大胆决策，第一颗人造卫星的出厂手续顺利完成。

在此之前，关于中国第一星到底放哪些探测仪器，科学家们有很多想法，意见纷纷，也是钱学森大力支持孙家栋的建议，统一了思想，推进了卫星研制的步伐。

“东方红一号”卫星总设计师孙家栋回忆说：“钱学森支持我的建议，简化第一颗人造卫星，不要放那么多的探测仪器，加快进度，先放一颗‘政治卫星’，把零蛋打破。”国家对这颗卫星的总体要求是“上得去、抓得住、看得见、听得到”。“上得去”，就是发射成功；“抓得住”，就是准确入轨；“看得见”，是指在地球上能看得见；“听得到”，是指在地球上用收音机可以听到卫星发出的信号。钱学森说我们的首要任务是保证国家目标，实现零的突破，其他的以后再说。

1970 年 4 月 23 日下午，西北酒泉基地被一片大战前紧张的气氛笼罩着——“东方红一号”卫星稳坐在“长征一号”运载火箭的顶端，整装待发。高高的龙门塔架缓缓撤离了火箭，在近 30 米高的白色火箭旁边，只剩下进行最后发射操作的脐带塔。现场指控室设在半埋在沙丘下的地堡里，钱学森和指挥人员正在仔细地判读各种数据，发射的时刻临近了。

深夜 23 点多了，钱学森“屋”里的灯光依然亮着。他的屋子实际上是个火车厢，当时发射卫星的基地没有像样的房子，发射人员住的几间房子算是最好的，房子的三分之二埋在地下，三分之一在地上，露出点窗子透气。时任七机部副部长的钱学森和发射基地司令员李福泽在现场没有办公房，临发射的时候，基地拉来了一节火车车厢，卫星发射指挥所就设在里面，钱学森是坐镇现场的技术总指挥。

静静的夜幕下，凝望着天际闪闪跳动的点点繁星，钱学森心潮澎湃，中国人敲开宇宙空间大门的历史时刻终于来到了。此时，他想到了自己对新中国的许诺："外国人能干的，我们中国人也能干，难道中国人比外国人矮一截不成？"钱学森向上捋了捋已生的华发——日子过得真快，他回国那一年只有44岁，而现在自己已经快到花甲之年了。

面对桌子上的"'东方红一号'卫星发射任务书"，钱学森拿起了自己常用的那支纯蓝色墨水的钢笔。这笔今天似乎有千斤重，他拿起来又放下，放下又拿起来。他不敢掉以轻心，他知道这一笔责任重大，这一笔将震惊世界。思考半晌，钱学森终于在"'东方红一号'卫星发射任务书"上工工整整地签上了自己的名字，李福泽也在上面签了名。有了他们"签字画押"，就代表中国火箭、卫星有了进入太空的放行证！卫星发射的时间预定在1970年4月24日21点35分。

发射当天，晚上19点多，发射场区万籁俱寂，脐带塔上灯火通明，巍峨的运载火箭屹立在发射台上。此时，在运载火箭飞行轨迹的下方地带，火车停驶或临时停车；在通信干线上，每个电线杆下都有民兵巡逻站岗，全国的通信线路几乎有一半为卫星发射开绿灯。

几名技术人员检测完火箭走下发射台，准备乘坐最后一辆汽车撤离。这时，钱学森悄然出现在发射台旁边，他背着双手在塔架下踱着方步，走走停停。在这个紧急的关头和紧张的时刻，钱学森还是那么从容，他似乎是在火箭旁边像"过电影"般回想工作中还有没有疏漏的地方，火箭、卫星还有什么隐患。大家没敢惊动钱学森，一直到发射场拉响了撤离的警报，他才离去。

1970 年 4 月 24 日，“长征一号”运载火箭成功发射我国自行研制的第一颗人造地球卫星“东方红一号”

21时35分，一声巨响，“长征一号”火箭喷射出几十米长的纺锤形火焰，巨大的气流将发射架底部导流槽中的冷却水吹出四五百米远，火箭在震耳欲聋的轰鸣声中飞上夜空，越飞越高，越飞越远，渐渐消失在东南方的天空中。21时48分，现场指挥所传出“星箭分离”“卫星入轨”的特大喜讯。过了一会儿，地面收到了“东方红一号”卫星在太空中唱响的《东方红》乐曲。中国人对茫茫宇宙的问候，就像滚滚春雷震惊了世界！

发射场沸腾了，欢呼声、口号声响成一片，大家热泪盈眶，拥抱雀跃。子夜时分，发射场坪上突然灯火齐明、亮如白昼，各部门纷纷整队来到这里，现场庆祝大会就要召开。队伍刚排好，远处树影下走过来几个人，基地值班员没看清楚是谁，大声发口令说：“是哪一部门的？怎么才来？跑步前进！”那几个人果然加快了脚步，走近了一瞧，原来是基地司令员李福泽陪着钱学森从火车厢指挥所那里过来，队伍里响起了一片笑声。

庆祝大会随即在发射场坪上举行。钱学森站在欢乐的人群里，和大家一起分享这胜利的喜悦。发射基地的领导和火箭、卫星发射队的代表在会上都发表了热情洋溢的讲话。轮到钱学森讲话时，大家都竖起耳朵，想仔细听听这位从美国回来的大科学家会讲些什么。有点出人意料的是，他先热情地歌颂了这一伟大成就，表彰和感谢了各有关方面的贡献。然后，很沉痛地做了检讨，他说，很可惜，我们比日本慢了一步。卫星发射的时间一再推迟，作为国防部五院、七机部的领导成员，自己负有不可推卸的责任。

欢呼我国第一颗人造地球卫星发射成功

1970 年五一国际劳动节的夜晚，“东方红一号”卫星恰巧飞临天安门上空参加盛大的狂欢庆典。钱学森、罗舜初、李福泽等 25 名研制和发射火箭、卫星的代表应邀登上天安门城楼观礼。在高高的城楼上，钱学森遥望着北京春夜沉静的夜空——灿烂天河里，有了属于中华民族的一颗亮星；浩瀚天宇上，有了中国人的话语权！

4 音频科普

人造地球卫星在太空中飞行的“道路”是什么样的?

链接 “东风五号”洲际导弹

这是我国自行研制的两级液体地地洲际导弹。导弹全长约 35 米，最大直径 3.35 米，由发射井发射，射程为 8000 ~ 10000 千米。该型导弹 1980 年 5 月 18 日实施全程飞行试验，弹头落点误差仅为 250 米，全程飞行试验圆满成功。该导弹 1981 年列装服役。

17 洲际导弹扶摇万里

早在 1965 年，钱学森就主持制定并领导实施了我国地地弹道式导弹发展的“八年四弹”规划，“东风五号”洲际导弹是“八年四弹”规划的最后一项任务。在“东风五号”洲际导弹的研制过程中，钱学森虽已调任国防科委副主任，但他仍在导弹研制总体和关键问题上发挥了十分重要的作用。

1970 年 11 月，“东风五号”洲际导弹各分系统及其零部件汇集到厂房开始总装。由于“文化大革命”的干扰，导弹质量根本无法得到保障，在总装中发现很多诸如漏气、漏油、漏电之类的低层

“东风五号”洲际导弹在进行总装测试

次问题。经过半年时间的改进和补救，到 1971 年 6 月第一枚导弹才总装调试完毕。这枚导弹是打还是不打？中央专委会在听取汇报时，很多领导怀疑这枚导弹的质量，认为发射成功的把握不大。导弹总设计师屠守锷表示：“我们应该做的工作都做了，导弹性能、状态是好的。我们认为应该尽快发射试验，以便进一步检验我们的设计方案，从中找到问题和不足。”钱学森赞同屠守锷的意见，他说：“飞行试验是在真实的环境下考验导弹采用的新技术是否可靠的最佳办法，问题早暴露比晚暴露要好。”

于是6月27日，第一枚“东风五号”导弹出厂，运往酒泉试验基地。但当这枚导弹竖在发射架上进行垂直测试时，突然出现回路抖动的问题，而且振幅较大，连发射架也跟着一起抖动，在场的人都惊呆了。现场的测试工作立即停止，试验基地紧急召开会议，分析查找故障原因。

钱学森在现场经过仔细分析思考后，做了决策性的发言：“我认为这个问题很复杂，单是我列出的抖动原因，也不是这几天就能列出方程、算出结果、解决得了的。但我认为在导弹点火离开发射架以后，就不会出现这种抖动问题了，所以我认为这种抖动不影响发射。”听了钱学森的话，大家如释重负，沉重的心情放松下来。几天后导弹点火发射，起飞正常，一、二级按时分离，只是二级发动机提前6秒关机，造成导弹未能发射到预定目标区域，试验获得基本成功。

做完上述试验后，就要进行“东风五号”洲际导弹的全程飞行试验，实地考验导弹的性能。所谓全程飞行试验，就是要按照导弹的预定射程飞行上万千米。由于我国大陆的东西南北纵深没有这么长的距离，需从国内的试验基地打到南太平洋上。

全程飞行试验有两大难题。一是洲际导弹飞行上万千米，在以极高速度再次进入大气层打击地面目标时，由于气流与导弹剧烈摩擦会产生极高的温度（这叫“气动加热”现象），如果没有保护措施，弹头几秒钟就会化为灰烬。在钱学森的倡议和组织下，一场被称为“淮海战役”的气动热大会战在全国展开。具体负责这项攻关任务的空气动力学家庄逢甘回忆说：“钱先生给我讲了两句话：第一句，弹头不能翻跟头，如果弹头返回时翻跟头，肯定会烧坏；第二句，弹头不能烧坏了，因为导弹再入大气层时速度很高，弹头表面都要烧的，可以任它烧，但不能烧坏了，而且也不能烧得毫无规则，否则弹头就不知打到哪儿去了。这两件事，怎么干？当时钱先生就给我讲，要搞‘淮海战役’。你别看就这两句话，那是动员了国家很多的研究单位啊。后来，我们跳过了美国曾走过的热沉式防热的弯路，径直走上钝锥形烧蚀防热的捷径，取得了‘淮海战役’的大捷。”经过多次地面气动理论计算和风洞、烧蚀试验，最后经过 1977 年和 1978 年两次洲际导弹低弹道飞行试验，研制人员圆满解决了再入返回段弹头飞行的稳定性和防热烧蚀问题。

二是洲际导弹要向公海区域发射，则要建造测量跟踪和控制功能完备的海上测量船，这样才能完成导弹落区海上再入段的测量、跟踪、控制任务。钱学森说：“我们的导弹要搞全程试验，没有这样的测量船是不行的。我们的测量船，是从无到有，要求一举成功。建这样一艘多功能、综合性的复杂船舶，是一项极为复杂、庞大的系统工程。”

在钱学森的努力争取和组织下，到 1979 年，我国先后完成了“远望一号”“远望二号”远洋测量船以及远洋调查、打捞救生船等 12 艘舰船的建造任务。

向南太平洋发射“东风五号”洲际导弹，就此拉开了战斗的序幕。

鉴于洲际导弹要发射到南太平洋公海上，这就要求发射之前要把导弹的试验禁区范围划定好，并向全世界发布公告：在导弹试验期间，禁止所有船只进入禁区，以免发生危险。

1980 年 6 月 5 日，钱学森登上“远望号”看望船员

当时，我国如何划定试验禁区范围成为国际社会关注的焦点。禁区范围越小，说明该导弹落点精度越高。苏联于 1960 年 1 月首次在太平洋进行远程导弹试验时，公布的试验禁区是 500 千米 ×300 千米的矩形水域；1975 年 6 月进行的一次试验，其禁区是半径 240 千米的圆形海域，即使这样，一块弹片还是落在了停泊在禁区外的美国“范登堡号”测量船上。圈定导弹的落区是件很困难的事，因为导弹落点存在误差。圈画大了，外国人会认为我们的导弹落点太不精确；画小了，又怕打着别国的船，引起国际纷争。

技术人员谁也不敢定这个数据，怎么办？画这个圈，非钱学森莫属！钱学森再次出马，接手了难题，他提出了画圈的原则：我们的弹着区画得要比美国人和苏联人的小，而且技术水平要高，要争这口气。

我国科技人员经过充分调查论证，从理论上推导出准确的导弹试验区数学模型，确定以东经 171° 33′，南纬 7° 为中心，半径为 70 海里（130 千米）的圆形试验区，远小于苏联的试验范围。最后的数据由钱学森核算拍板后才对外公告。回忆往事，导弹专家王德臣说：“发射‘东风五号’，你得向全世界公布导弹落区范围，你得画个大圈，如果你把导弹打在圈外头，丢不丢人啊！你做试验的时候，人家外国的测量船就贴在你画的圈边上，他们准备着，一旦你的东西掉在圈外，他可以去抢啊，去打捞那个弹头啊。为了提高导弹的精度，我们在钱老的亲自指导下，整整搞了四五年的时间。”

1980 年 5 月 9 日，新华社受权向全世界发表公告：“中华人民共和国将于 1980 年 5 月 12 日至 6 月 10 日，由中国本土向太平洋南纬 7° 0′、东经 171° 33′ 为中心，半径 70 海里（130 千米）的圆形海域范围内的公海上，发射运载火箭。中国舰船和飞机将在该海域进行作业。为了过往船只和飞机的安全，中国政府要求有关国家政府通知本国的船只和飞机，在试验期间不要进入上述海域和海域上空。”

1980 年 5 月 18 日，钱学森在北京指挥中心静静地观看“东风五号”洲际导弹发射到太平洋的壮观景象。这天上午 10 时整，导弹从酒泉试验基地准时点火起飞，直冲云霄，扶摇万里，飞越祖国

1980 年 5 月 18 日，我国首次向太平洋发射运载火箭，取得圆满成功

人民日报 号外

1980年5月18日 星期日

我国向太平洋预定海域发射的第一枚运载火箭获得圆满成功

新华社北京五月十八日急电 一九八〇年五月十八日上午，我国向太平洋预定海域发射的第一枚运载火箭获得圆满成功。

我国发射的第一枚运载火箭命中海域示意图

我国在1980年5月18日上午发射的第一枚运载火箭，准确地命中目标海域。这是目标海域示意图。

（徐如琛绘）

《人民日报》号外

上空，30 分钟后准确命中南太平洋的预定海域。

“东风五号”发射成功后不久，美国合众社记者罗伯特·克莱伯发表了一篇题为《中国导弹之父——钱学森》的专稿，称钱学森是“主持研制中国洲际导弹的智囊人物”，由他负责研究的火箭，使中国成为同苏联、美国一样能把核弹头发射到世界上的任何一个地方的国家。

18 载人航天，一语定乾坤

2003 年 10 月 16 日，当我国第一艘载人飞船“神舟五号”载着第一位航天员杨利伟从太空归来，钱学森非常兴奋地对年轻一代航天人说：“载人航天这件事，我们一直想做但没有做成，你们今天终于做成了，非常了不起！”他还在病床上用自己那只颤抖的手工整地写道：“热烈祝贺神舟五号发射成功，向新一代航天人致敬！”

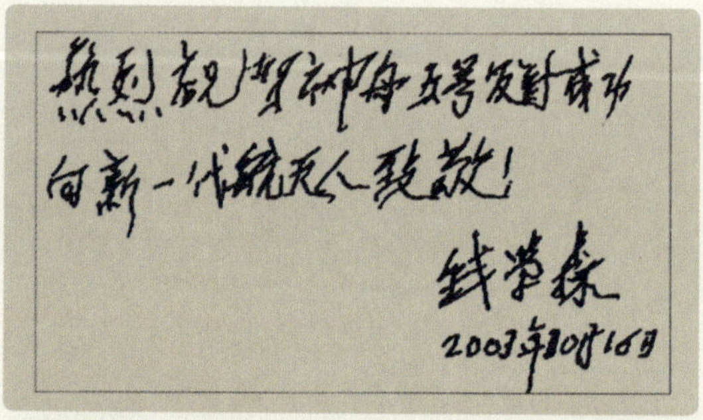
热烈祝贺神舟五号发射成功
向新一代航天人致敬！
钱学森
2003年10月16日

钱学森庆贺“神舟五号”发射成功的手迹

2006 年 1 月 10 日上午，杨利伟、费俊龙、聂海胜 3 位航天员到钱老家中看望他

20 世纪 70 年代，钱学森与北京航天医学工程研究所所长陈信交流载人航天

早在 1968 年，钱学森就在他兼任院长的中国空间技术研究院成立了载人飞船总体设计室，提出了“曙光一号”载人飞船的论证方案。钱学森鼓励载人飞船总体设计室：“我们先把载人航天的锣鼓敲起来！”1970 年 7 月 14 日，经中央批准，明确在钱学森的具体组织下，着手载人飞船的研制工作，并开始选拔、训练航天员。这项任务被秘密地称为“714”工程。

“714”工程开展一年多就初见端倪：航天员的选拔培训开始了，载人飞船的基本方案确定了，并计划争取在 1973 年前发射无人飞船，1974 年发射一艘载人飞船，载 2 名航天员在太空最长飞行 8 天。

然而，由于经济、技术力量不足，“714”工程不得已只好暂停，研究单位和人员大多被遣散。在钱学森的坚持下，不仅载人航天核心技术的预研工作得以继续进行，航天医学、航天员选训机构及研究项目也保留了下来，从而为日后的载人航天事业播下了希望的种子。

“714”工程暂停之后，中国再次掀起载人航天的浪花已是改革开放后的1986年。

1986年3月5日，中央批准了王大珩、王淦昌、杨嘉墀和陈芳允等4位科学家提出的《关于跟踪研究外国战略性高技术发展的建议》，随即形成了著名的“863”计划。“863”计划包括生物、航天、信息、激光、自动化、能源和新材料等7个领域（1996年增补海洋高技术）15个主题项目。航天技术是其中的第二大领域，简称为863–2领域。1987年2月，该领域成立了专家委员会。

在讨论我国载人航天采用飞船方案还是小型航天飞机方案时，专家们的意见分歧很大。“船派”专家认为，从技术上讲，我国已经有了十几颗返回式卫星回收成功的经验，在关键技术上打下了一定基础；“曙光一号”飞船的预研成果，为生命保障、飞船设备的研制提供了技术储备；运载火箭技术和发射场等基础设施，也有了一定的技术和物质成果，可以充分利用。从实用上讲，飞船既可搭载航天员，又可向空间站运输物资，况且，在较长的一段时间里，我国天地往返的需求量不会很大，一次性使用的飞船相对来说更经济。从研制进度讲，用8 ~ 10年时间攻关，载人飞船有望在21世纪初把中国航天员送入太空；而由于我国航空工业基础较弱，研制航天飞机则在短期内难以完成。

“机派”专家提出，飞船是20世纪五六十年代的产物，技术上显得有些落伍，中国的载人航天应当有一个高起点，要搞就搞技术先进的、代表国际航天发展潮流的航天飞机；航天飞机可重复使用，从长远看，发射的次数越多就越经济。面对争论，国务院领导说，

钱学森一直关心着载人航天事业的发展

既然专家意见不统一，请有关单位深入论证后再由国家决策。于是，两个方案又经过了近 1 年的调研论证。

开展载人航天论证时，钱学森年过七旬，已退居二线，他没有参与这些讨论，但论证中出现的不同意见，他早有耳闻。设在国防科工委的国家航天领导小组办公室，非常重视钱学森的意见，常把有关简报送给他。在 1989 年 9 月 28 日《国家航天办简报》第五期上，钱学森看到了某个单位于 8 月 24 日写给国家航天领导小组的信，信中坚持认为“航天飞机方案”优于“飞船方案”。理由是，飞船作为天地往返运输手段已经处于衰退阶段，我国如采用此方案，起点过低；而航天飞机代表世界发展潮流，具有明显经济优势，更适合我国国情。国家航天领导小组办公室准备据此给中央写报告，呈送前特地来征询钱学森的意见。钱学森很少介入“热线”上的工作，见组织上征求他的意见，便非常认真地在报告上写了 10 个字：应将飞船方案也报中央。这短短的一行字，非常清楚地表达了钱学

"神舟五号"发射

"神舟十二号"航天员入驻中国空间站"天和号"核心舱

森的意见。

此前，国家航天领导小组办公室主任丁衡高曾请专家委员会登门去听听钱学森的想法。那是 1989 年 8 月 12 日的上午，"863"专家委员会主任屠善澄专门向钱学森汇报了论证工作的情况，并征询他的意见。以钱学森丰富的阅历和经验，他的意见无疑对国家决策有着举足轻重的影响。在钱学森看来，决定载人航天能否重新启动的关键，并不在于飞机和飞船两种技术途径哪一种优、哪一种劣，而在于哪一种更适合国家目前的经济和技术基础这一基本国情。

那一天，钱学森就此问题推心置腹地与屠善澄谈了很长时间。屠善澄问："假如要人上天，飞船作为第一步，您的意见是什么？"钱学森回答："假设要人上天，第一步可以是这样。"接着又补充了一句："如果说要搞载人，那么用简单的办法走一段路，保持发言权，是可以的。”

钱学森的意见，比较全面地反映了他对20世纪60年代到80年代载人航天历程的反思，用系统工程权衡的办法来分析，他支持用飞船这种相对简单的办法起步，以便尽早在载人航天领域获得发言权。钱学森一言九鼎，以高屋建瓴的眼光对那场旷日持久的争论，从技术上给予了明确的表态。

1992年1月8日，中央专委召开会议，专门研究我国载人航天的发展问题。会议认为：“从政治、经济、科技、军事等诸多方面考虑，立即发展我国载人航天是必要的。我国发展载人航天，应从载人飞船起步。”9月21日，中央批准载人航天工程上马，代号为“921”工程。

中国载人航天工程在钱学森坚持不懈的努力下，在早期载人航天计划和预研成果的基础上，从1999年至2021年，完成了从“神舟一号”到“神舟十二号”5次无人飞行和7次载人飞行，实现了载人航天三步走的战略规划。

5 音频科普

神舟飞船长得什么模样？

中国航天
CZ-2F

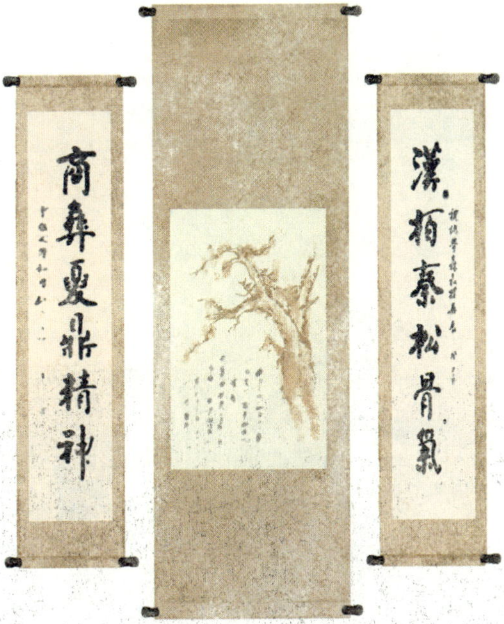

汉柏秦松骨气，商彝夏鼎精神

——正是对钱学森伟大人格的真实写照。

19 汉柏秦松骨气

1996 年 12 月 11 日，钱学森的好友、美国两院院士马勃偕夫人看望钱学森夫妇，并送来保存多年的钱学森手稿

钱学森家中的小客厅里悬挂着一副对联：“汉柏秦松骨气　商彝夏鼎精神”，钱学森非常喜欢，其实这正是钱学森伟大人格的真实写照。

钱学森在美国求学、工作20年，其中大部分时光是在加州理工学院度过的。1979年，加州理工学院授予钱学森最高荣誉——“杰出校友奖”，但直到2001年12月，钱学森才正式接受这一荣誉。

为什么钱学森22年后才接受这份荣誉？

谜底是这样的。

改革开放以后，美国多次邀请钱学森出访，都被他拒绝了，那里是他度过青年时代的第二故乡，人们以为他会愿意再去，事实上钱学森终生没有重返美国。

钱学森是一个有骨气的科学家。1950年，美国麦卡锡主义盛行，他先是遭审问，后又被软禁5年，在美国遭受了不公正的待遇，受到了极大的侮辱。钱学森坚持认为，只要美国政府不道歉，他此生就坚决不去美国。

1979年，在中美正式建立外交关系的当年，加州理工学院授予钱学森“杰出校友奖”。即使这样，钱学森也没有改变主意，他没有到美国接受这份荣誉。学校规定，这个奖需要获奖者亲自到场领取。由于钱学森没有去，奖章和证书一直存放在加州理工学院的展览室里。直到2001年钱学森90岁生日时，他在美国的好友马勃教授来华访问，加州理工学院才打破惯例，校长巴尔的摩委托马勃专程到北京，将迟到了22年的“杰出校友奖”证书和奖章送到钱学森家里，当面颁发给了钱学森。

美国政府曾多次表示想邀请钱学森回美国访问。1985年，美国总统的科学顾问基沃思访华，在与国家科委主任宋健会晤时表示，钱学森对美国的科学技术进步特别是军事科学的发展做出过很

马勃教授送来了迟到 22 年的“杰出校友奖”奖章

大贡献，想邀请他访美，并由政府和有关学术机构表彰他的重要贡献。他说，他和美国科学院、美国工程院讨论过钱学森在美国的工作，如果钱学森来美国，授予他美国科学院院士和美国工程院院士的称号是没有问题的。考虑到钱学森的老师冯·卡门曾获美国政府颁发的最高科学成就奖——国家科学奖章，而钱学森是冯·卡门最得意的学生，美国政府也可以授予他这一荣誉。这种授奖仪式一般都在白宫举行。如果钱学森来美国接受这项荣誉，他不能保证总统一定出席，但可以保证副总统一定会出席，并亲自给钱学森颁奖。

钱老接到这个消息后说：“这是美国佬耍滑头，我不会上当，当年我离开美国，是被驱逐出境的，按美国法律规定，我是不能再去美国的。美国政府如果不公开给我平反，今生今世决不再踏上美国国土。”

有一位中央领导曾劝过钱学森，他说：“钱老，你在国际上影响很大，一些国家邀请你，我建议你还是接受邀请，出去走走。你出去和别人不一样，对推动中外科技交流会有很大影响。这也是今天改革开放的需要啊！今天，世界在变，中国在变，美国也在变。几十年前的事，过去了就算了，不必老记在心上。你去美国走走，对推动中美间的科学技术交流，甚至对推动中美关系的发展都会有积极意义。”

钱老说：“当年我回国的事很复杂，涉及美国法律问题，美国人不公开认错，我不宜出访美国。”原来，凡在美国移民局的档案

It is certified by this diploma that

Dr. Hsue-Shen Tsien (Qian Xuesen)

Peoples Republic of China

was inducted into the

World Level

Hall of Fame
for
Engineering, Science and Technology

And as a result is the authorized recipient of HOFEST Medal Number 18.15

Issued on behalf of the HOFEST Government by its Secretariat

New York, New York U.S.A.
June 29, 1989

Istvan Stephen Tuba

Executive Director

HOFEST Secretariat: International Technology Institute, 7125 Saltsburg Road, Pittsburgh PA 15235, USA

钱学森获“小罗克韦尔奖”奖牌（正面）

钱学森入选“世界级科技与工程名人录”证书

“威拉德·罗克韦尔技术杰出奖”也叫“小罗克韦尔奖”，由国际理工研究所于1982年设立，这是现代理工界的最高荣誉等级，同时入选“世界级科技与工程名人录”。到1989年，全世界只有16位现代科学家获此殊荣，钱学森是唯一的中国科学家。

里留有被驱逐记录的，必须经由某种特赦手续才能入境。“我钱学森本无罪，何须你特赦？”中央领导听后说：“钱老，如果你认为不便去，我们尊重你个人的意见。”

1989年初，国际科学技术协会主席塔巴致信我国驻美大使，信中写道：

中国著名科学家钱学森获1989年“威拉德·罗克韦尔技术杰出奖”，钱学森的名字已正式列入“世界级科技与工程名人录”，并同时授予“国际理工研究所名誉成员”称号，表彰他对火箭、导弹技术、航天技术和系统工程理论做出的重大开拓性贡献。

6月29日，纽约举行了隆重的颁奖仪式，但是钱学森仍然没有到场，是中国驻美大使韩叙代他领的奖。钱学森坚持认为，美国政府不认错，即使给再高的荣誉，他也不稀罕。

有人得知钱学森获奖的事，写信祝贺他，钱学森回信说：“我觉得美国人给我发奖没什么。评价一个中国科技工作者的工作，最有权威的不是一个什么美国的评审委员会，而是中国人民。如果中国人民说我钱学森为国家、为人民办了点儿事的话，那才是最高的奖赏。”

也许有人认为钱学森“太记仇”“没有胸怀”，但事实证明，钱学森是对的。在美国政府和美国国会内部确有一帮反华的极右政客，他们不愿看到中国的强大。1999年，在钱学森回国已44年之后，他们抛出臭名昭著的《考克斯报告》，重提钱学森回国之事，并污蔑中国导弹技术是从美国“窃取”的。这真是无中生有的诽谤！

20 我姓钱，但我不爱钱

钱学森的长子钱永刚说：“在父亲的履历介绍上写有‘任国防部五院院长、副院长’的字样，很多人问我是不是写错了。我说，没有写错。”

这事现在来看，实在不好理解。钱学森犯了什么错误？为什么由正职降成副职了呢？

1957年，钱学森被任命为国防部五院院长，45岁的钱院长虽然精力充沛，但他既要为中国的导弹事业举办“扫盲班”，又要带领大家进行技术攻关，还要为研究院一大家人的柴米油盐操心。随着导弹事业的发展，国防部五院规模不断扩大，地地导弹仿制开始后，地空导弹、岸舰导弹的仿制工作也陆续铺开，各研究基地、试验设施和生活设施的基建工作更是轰轰烈烈，钱学森作为一院之长，只恨分身无术。

最要命的是钱院长的行政事务越来越多，比如人员的住房分配、食堂和幼儿园的建设等都要他亲自过问，有时研究院的报告和幼儿园的报告会一同等待他批示。他说：“我哪懂幼儿园的事呀！”钱学森被繁重的行政事务缠身，苦不堪言。

1960年3月，钱学森不得已提笔给上级写信，请求将自己“降”为副职，以便集中精力专司重大技术问题。钱学森要求降职，这是他的上级也没有想到的事。当初，推荐钱学森当院长，本来是对他的重视，却没有想到日常的行政事务占用了他大量的时间，连盖宿舍、建幼儿园也要他拍板，这简直是对他的最大浪费。钱学森曾经在美国当过喷气推进中心及加州理工学院航空系的“第一把手”，他只管科研和教学，从不过问行政后勤事务，他哪里知道中国的第一把手是吃喝拉撒睡全管的“父母官”。他说：“早知道这样，我一开始就不会答应当力学所所长和五院院长了。”

上级领导理解钱学森的苦恼，只好同意了他的请求，决定配备强有力的行政领导解决大量行政、后勤事务，把钱学森从这些烦杂事务中解脱出来。于是，1960年3月，国防部任命空军司令员刘亚楼兼任国防部五院院长，空军副司令员兼参谋长王秉璋任国防部五院副院长，主持常务工作。

钱学森从1957年2月被正式任命为国防部五院院长，到1960年3月被任命为副院长，只当了3年的正职，但他对这种安排十分满意。

此后，钱学森先后担任了第七机械工业部副部长、国防科委副主任、国防科工委科技委副主任、中国科协全国委员会主席、全国政协副主席等要职。钱学森的职务以“副”居多，但他对这些“官位”一点儿也不在意。他常说：“我是一名科技人员，不是什么大官，那些官的待遇我一样也不想要。”

钱学森回国后，在中国科学院享受一级教授的待遇，每月工资

350元，这在当时已算是“高薪”了。他非常喜欢摄影，刚回国时看到祖国一片欣欣向荣的气象，心里高兴就到处拍照。一个月下来，蒋英告诉他，光是买胶卷就花完了他的全部工资，家里都没钱买菜了。钱学森这才意识到，不能像在美国那样大手大脚花钱了。此后，钱学森把那个从美国带回来的相机放进箱子里收了起来，再也不玩摄影了。

1963年中央号召干部减薪，先是党员领导干部减，后是一般行政干部减。科学院领导在做干部减薪工作时遇到了一些阻力，感到

1986年6月，中国科协第三届全国委员会第一次会议选举钱学森为中国科协全国委员会主席

减薪工作很难做。当时钱学森的家已经从中关村科学院宿舍搬到了航天大院，他的日常工作也转到了航天方面，但是他的工资关系还在科学院力学所。有一次他无意中听说了科学院减薪的情况，便主动给力学所党总支书记杨刚毅写信，要求给自己减薪：

> 现在我所正在进行级别工资的调整，我想用这个机会也提出一个近年来留在我心中的问题。这就是：我的工资除职务上的原350元，还有作为学部常务委员的100元，每月共450元。我认为这个工资过高，因此请求组织上将：
>
> （一）学部常务委员的100元减去；
>
> （二）每月350元的工资也应按1960年组织规定，按比例降低，以前未扣部分，现在补扣。
>
> 这样做了之后，我一家工资（加上我爱人的约200元）仍将在500元左右，这也实际上是我们现在生活的水平，所以多了完全不必要，而于心很不安。恳请组织批准我这个请求。

这样钱学森的工资从每月450元减至331.5元。这个工资标准，一直维持到改革开放以后。

钱学森多次讲："我姓钱，但我不爱钱。"他的儿子钱永刚回忆道："2001年12月初，第二届霍英东奖金在广东番禺颁奖，父亲荣获'霍英东杰出奖'。父亲因行动不便不能前往，组委会邀请我82岁的母亲中央音乐学院教授蒋英出席领奖。在去广东前，母亲向父亲辞行，父亲当着我的面与母亲打趣道：'钱归你，奖（蒋）

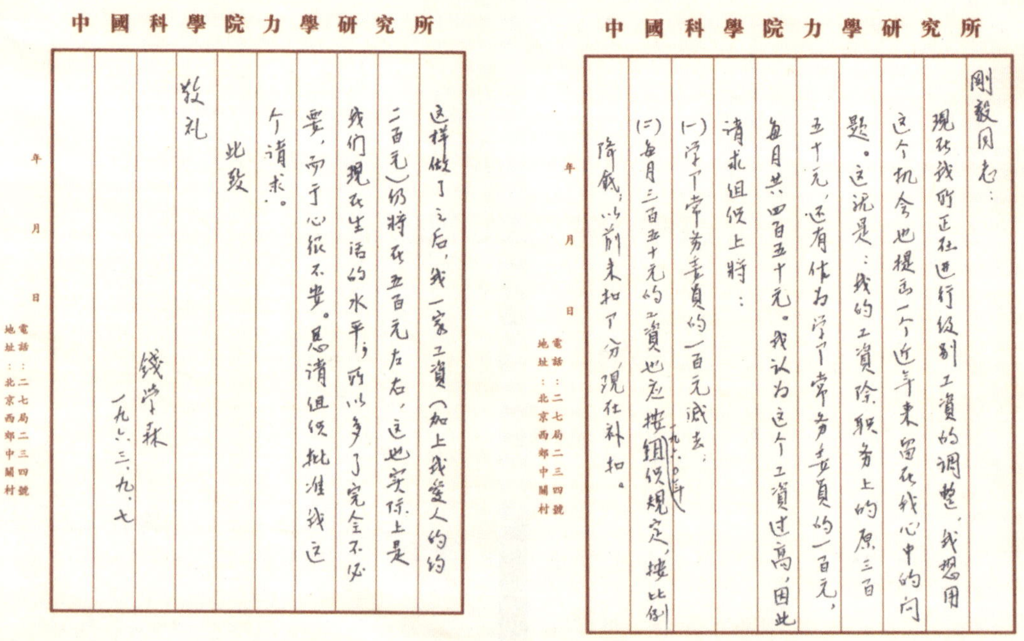
中國科學院力學研究所

刚毅同志：

现在我所正在进行级别工资的调整，我想用这个机会也提出一个近年来留在我心中的问题。这就是：我的工资除职务上的原三百五十元，还有作为学部常务委员的一百元，每月共四百五十元。我认为这个工资过高，因此请求组织上将：

(一)学部常务委员的一百元减去；

(二)每月三百五十元的工资也应按组织规定，按比例降低，以前未扣了部分现在补扣。

这样做了之后，我一家工资（加上我爱人的约二百元）仍将在五百元左右，这也实际上是我们现在生活的水平；所以多了完全不必要，而于心很不安。恳请组织批准我这个请求。

此致

敬礼

钱学森

一九六三.九.七

三年困难时期，钱学森写信主动请求上级给自己减薪

归我。’母亲稍一思索后说：‘那我们说好了，你要奖（蒋），我要钱。’说罢两人都会意地笑了。”

实际上，他俩都不爱钱，除工资用于维持一家人的生活，其他所得，如稿费、奖金等，不是捐出做公益事业，就是接济困难的人。

1957 年，钱学森所著《工程控制论》中文版获中国科学院 1956 年度科学奖一等奖，奖金 1 万元。当时，钱学森响应政府号召，用此款购买了国家公债。5 年后，1961 年 12 月，他将连本带息共计 1.15 万元全部捐给他任教的中国科学技术大学，学校用这笔款给

1962届和1963届的200多名家庭贫困的力学系学生购买了计算尺，解决了这批学生买不起必备学习用具的困难。当年，中国科学技术大学里的一些学生刚入学就能收到一把计算尺，并得知这是系主任钱学森送给大家的。直到现在，当年钱学森任教的力学系学生还记得钱学森为他们买计算尺的事情。有一封已发黄的《1961年校党委为钱学森向学校捐款所致感谢信》，仍珍藏在中国科学技术大学的校史馆里。

1963年，钱学森撰写的《物理力学讲义》《星际航行概论》出版，获得3000多元稿费。当时还处于国家物资匮乏的生活困难时期，钱学森没有用这笔钱来改善自己的生活，而是认为自己应该同党和人民共渡难关，所以他拿到这笔稿费后，毅然将其作为党费上交给党组织，自己不留分文。

1978年，钱学森的父亲钱均夫生前所在的中央文史研究馆给老

当年中国科学技术大学力学系学生何迁民（左）至今保存着学校用钱学森的捐款为他们购买的计算尺

人家落实政策，可补发3年的工资共3000多元。中央文史研究馆把这笔钱送到钱学森家里，钱学森表示父亲已经去世多年，不能要这笔钱，应退回中央文史研究馆。但这是按政策规定补发的钱，钱学森不得不收下后，便作为党费上交了。

1982年，钱学森等著《论系统工程》一书出版，他把那份稿费捐给了系统工程研究小组。

1995年，钱学森获得香港何梁何利基金1994年度优秀奖，奖金100万港元。但这笔不菲的奖金支票还未经他的手，他就写了一封委托信，授权秘书代表他转交给促进沙产业发展基金会，支援我国西部的沙漠治理事业。

钱学森不爱钱，更不乱花钱。他的警卫秘书刁九勃回忆说：

“每个月家里的吃喝用度，我都要算计一下怎么省钱，每一项支出都记录在本子上，月底给钱学森查看、签字，再从他的工资里支出。首长不讲究吃喝，不抽烟、不喝酒。那时国家不富裕，物资紧缺，有一阵家里连吃饭炒菜的用油都困难。一次，我陪钱老去京西宾馆开会，和保卫处的人闲聊起我们家的油实在太紧张了，他说可以让餐厅给我弄几斤。我一琢磨，上次我做了一点儿回锅肉，钱老就对我很不满意，我再弄点儿油回家肯定要挨批，所以就没敢要。

“钱学森喜欢吃瓜子，逢年过节我东北老家会寄点儿葵花瓜子来，我舍不得吃，留下一点儿，其余大多送给钱学森和蒋英。他们说，你留着吧，我说我不喜欢吃这玩意儿。那时候东西少，钱学森看书看报时吃的瓜子，百分之七八十都是我给他的。有一次单位不知从

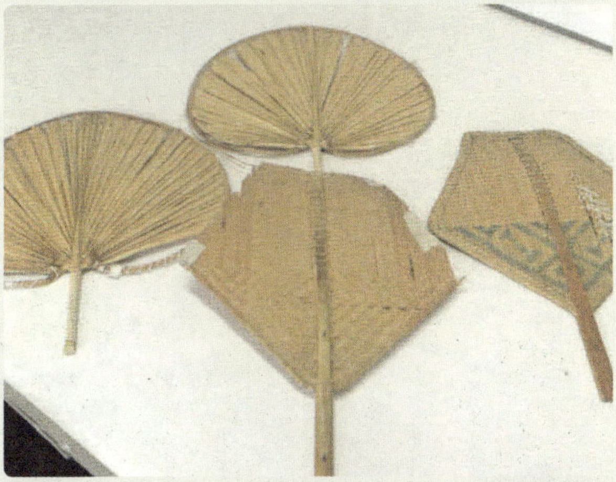

钱学森家用了几十年的吃饭桌子、钱学森用过的旧扇子、钱学森旅美期间参加国际会议获赠的公文包（一直陪伴了他 40 余载）

哪儿弄了点儿花生米，每家给了大概是 3 斤，那阵能吃上花生米可了不得，蒋英这高兴啊，告诉我这点儿花生米炸完了以后再放盐，要趁热的时候放，这样才能更入味，不能冷了放。她觉得很不容易有点儿花生米，要尽量把它弄得好吃一点儿。这种生活一直到 1972 年左右才有所好转。”

在这套建于 1957 年的老房子里，钱学森住了 49 年

21 大师的遗产

钱学森一辈子都不看电视，但是2008年底，97岁的他忽然提出想看电视。他的儿子钱永刚说，父亲以往都是听收音机，但到了晚年，他的耳朵越来越背。有一天，他突然说了一句："买个电视行不行？"他还问我需要多少钱？贵不贵？钱永刚告诉父亲："算我孝敬您了，买汽车，钱可能紧一点，买电视的钱还是有的。"

电视安装好后，钱学森竟"迷"上了看电视。钱永刚说："父亲的视力好，经常坐起来看一些新闻、体育比赛。有时候我们见他看的时间长了，就劝他躺下休息一会，但他不愿意，说要再看一会。"可是每次看到汽车广告时，钱学森就会感叹"泄气！泄气！"。因为儿子说广告里的大都是外国汽车，就算是中国制造的也都使用的"外国芯"。在钱学森看来，现在生活水平提高了，更有条件出成果，为什么中国还造不出自己的汽车呢？

后来钱永刚去了一趟上海，参观了制造国产飞机的工厂。回来后，他将所见所闻告诉父亲："我去上海参观飞机总装厂，看到发动机是从国外进口的。"刚一听完，钱学森就问，飞机的发动机是

1991 年 12 月 11 日，钱学森在中国科学院系统科学研究所发言

装在机翼底下，还是机身里？有几个？可见，钱学森时刻关心着国产飞机的核心技术，期盼着它早日启航。

直到晚年，钱学森的精力还是放在创新研究上。他认为，国家的“两弹一星”工程已经成功，而且拥有了一支优秀的航天人才队伍，自己可以做一些更感兴趣的事了。因为对科学家来说，创新研究比完成科技工程更难，更有挑战性。

其实，钱学森一生的兴趣和长处是科学理论的研究与创新，而不是工程实践。回国前，他已经是集应用力学、航空工程、工程控制论等诸多技术科学于一身的世界级大科学家，他在国外的科学研究正处于巅峰状态，声名显赫。然而归国后，钱学森不仅毅然放弃了优越的生活，还放弃了他所挚爱的学术研究，担当起航天工程执行者的角色，因为他知道新中国迫切需要的是什么。此后 30 年中，他将全部精力都投入到攻克工程技术难关、建立航天系统工程、培养青年科技人员上。

直到钱学森从行政领导岗位退下来后，他才重新开始了大量的科学理论研究。就是在这个时期，他积极倡导的信息技术研究应用，极大地推动了军队信息化建设；他于 1984 年提出的“知识密集型大农业”理念，已经在西部地区的“沙产业”中成为现实；他关于建设“山水城市”的观点，深刻地影响了中国城市规划建设的理论与实践；他提出的“大成智慧教育”理念，正在西安交通大学的“钱学森实验班”等项目中付诸探索……钱学森对晚年的成就非常自豪，他常说“退下来的十几年能从事科学理论研究并有一点儿成绩，证明这十几年没白过”。

一个周末，参加工作不久的孙子来看望钱学森，他兴奋地说：“最近单位开展保持共产党员先进性教育活动，我们机关将爷爷您的事迹作为典型教育材料。我从小听爸爸讲了关于您的好多事，但这次第一次系统地学习了您的很多事迹，很受教育。爷爷，您真伟大！”以往，钱老对小孙子说的一些赞扬他的话不以为然，这次他却抓住了这个话题：“你说的都是我做的关于航天方面的事，其实这些都是将科学上的一些成熟理论加以应用，不是真正意义上的创新。所以，我不认为你说我伟大的地方就是伟大的。如果我 50 年

钱学森晚年仍然孜孜不倦地学习

前那些事儿也叫伟大，那你的要求太低了。你记住，21 世纪的爷爷将更伟大！”

晚年的钱学森很少会客，因为医生考虑到他年事已高，又体弱多病，访客一多，容易对他造成感染。他的腿虽然不能行走了，但是他的思想却依旧清晰。钱学森的床前有一个小书桌，他每天坚持看报纸杂志，经常提笔写信——通过书信与友人交流思想，对各种各样的问题发表自己的见解。

在钱学森生前的最后一次谈话中，他表达了自己的忧虑：“中国还没有一所大学能够按照科学技术发明创造人才的培养模式去办

钱学森虽然卧病在床，但他的思想依旧驰骋飞扬

学……我们不能人云亦云，这不是科学精神，科学精神最重要的就是创新……我今年已 90 多岁了，想到中国长远发展的事情，最忧虑的就是这一点。”

钱学森的深邃目光，超越了自然科学，超越了社会发展的今天；他的思维触角，敏锐地感应着飞速发展的现代社会，不时地爆发出新的思想火花，就好像在他的时间表上永远没有晚年。

2009 年 10 月 31 日上午 8 点 06 分，钱学森在北京解放军总医院平静地走了，享年 98 岁。新华社发表了长达 6000 字的《钱学森同志生平》，称赞钱学森是“中国共产党的优秀党员，忠诚的共产

钱学森晚年风采依旧

主义战士，享誉海内外的杰出科学家和中国航天事业的奠基人”。

《钱学森同志生平》用 11 个“第一”，概括了钱学森对于中国航天和国防科技事业做出的卓越贡献：

——1956 年，参与筹备组建中国导弹航空科学研究领导机构——航空工业委员会，受命负责组建中国第一个火箭、导弹研究机构——国防部第五研究院，并兼任院长。

——1956 年，设立空气动力研究室，组建了中国第一个空气动力学专业研究机构。

——1960 年 2 月，指导设计的中国第一枚液体探空火箭发射成功。

——1960 年 11 月，协助国家领导成功组织了中国第一枚近程地地导弹发射试验。

——1964 年 6 月，作为发射场最高技术负责人，同现场总指挥张爱萍一起组织指挥了中国第一枚改进后的中近程地地导弹飞行试验。

——1966 年 10 月，作为技术总负责人，协助国家领导组织实施了中国首次导弹与原子弹“两弹结合”试验。

——1970 年 4 月，牵头组织实施了中国第一颗人造地球卫星发射任务。

——1971 年 3 月，组织完成“实践一号”卫星发射试验，首次获得中国空间环境探测数据，为中国研制应用卫星、通信卫星积累了经验。

——1972 年至 1976 年，领导设计制造了中国第一艘核动力潜艇。

——1975 年 11 月，指挥成功发射了中国第一颗返回式卫星。

——1980 年 5 月、1982 年 10 月、1984 年 4 月，参与组织领导了中国洲际导弹第一次全程飞行、潜艇水下发射导弹和地球静止轨道试验通信卫星发射任务。

尽管许多年前发生的事情已经成为历史的回音，但是那一件件震惊世界的壮举，却让全世界都开始倾听中国的声音。中国的航天事业永远不会忘记一代宗师钱学森的丰功伟绩。

就像他生前对自己的贡献十分低调一样，钱学森临终时，没有留下任何遗言。然而，他生前说过的话和做过的事，恰恰是他对后人的最永恒的言传和身教：“一切成就归于党，归于集体，我本人只是恰逢其时，做了该做的工作，仅此而已。”“我作为一名中国的科技工作者，活着的目的就是为人民服务。如果人民最后对我的一生所做的各种工作表示满意的话，那才是最高的奖赏。”

在新华社记者写的一篇文章中，有这样一段精辟的话：“钱学森回国时，中国的科学大业正艰难起步；钱学森离开时，现代化的天空早已星光璀璨。在近一个世纪的漫漫人生路上，他给中国人留下了丰厚的遗产——热爱祖国的高尚情怀，是钱学森留下的精神遗产；茫茫太空的中国高度，是钱学森留下的科学遗产；立足高远的科学理论，是钱学森留下的思想遗产。”

链接索引

音频科普索引